52 motivos de gratidão

Anote a cada semana do ano um motivo para agradecer a Deus!

Semana	Sou grata por...	Semana	Sou grata por...
01		27	
02		28	
03		29	
04		30	
05		31	
06		32	
07		33	
08		34	
09		35	
10		36	
11		37	
12		38	
13		39	
14		40	
15		41	
16		42	
17		43	
18		44	
19		45	
20		46	
21		47	
22		48	
23		49	
24		50	
25		51	
26		52	

Planejamento anual

	jan	fev	mar	abr	mai	jun
01						
02						
03						
04						
05						
06						
07						
08						
09						
10						
11						
12						
13						
14						
15						
16						
17						
18						
19						
20						
21						
22						
23						
24						
25						
26						
27						
28						
29						
30						
31						

Planejamento anual

jul	ago	set	out	nov	dez
01					
02					
03					
04					
05					
06					
07					
08					
09					
10					
11					
12					
13					
14					
15					
16					
17					
18					
19					
20					
21					
22					
23					
24					
25					
26					
27					
28					
29					
30					
31					

Planejamento janeiro

	DOM	SEG	TER

Mas Deus é tão rico em misericórdia e nos amou tanto que, embora estivéssemos mortos por causa de nossos pecados, ele nos deu vida juntamente com Cristo... –Efésios 2:4-5

Planejamento janeiro

QUA	QUI	SEX	SÁB

Nada pode se comparar ao amor de Deus

Objetivos para janeiro

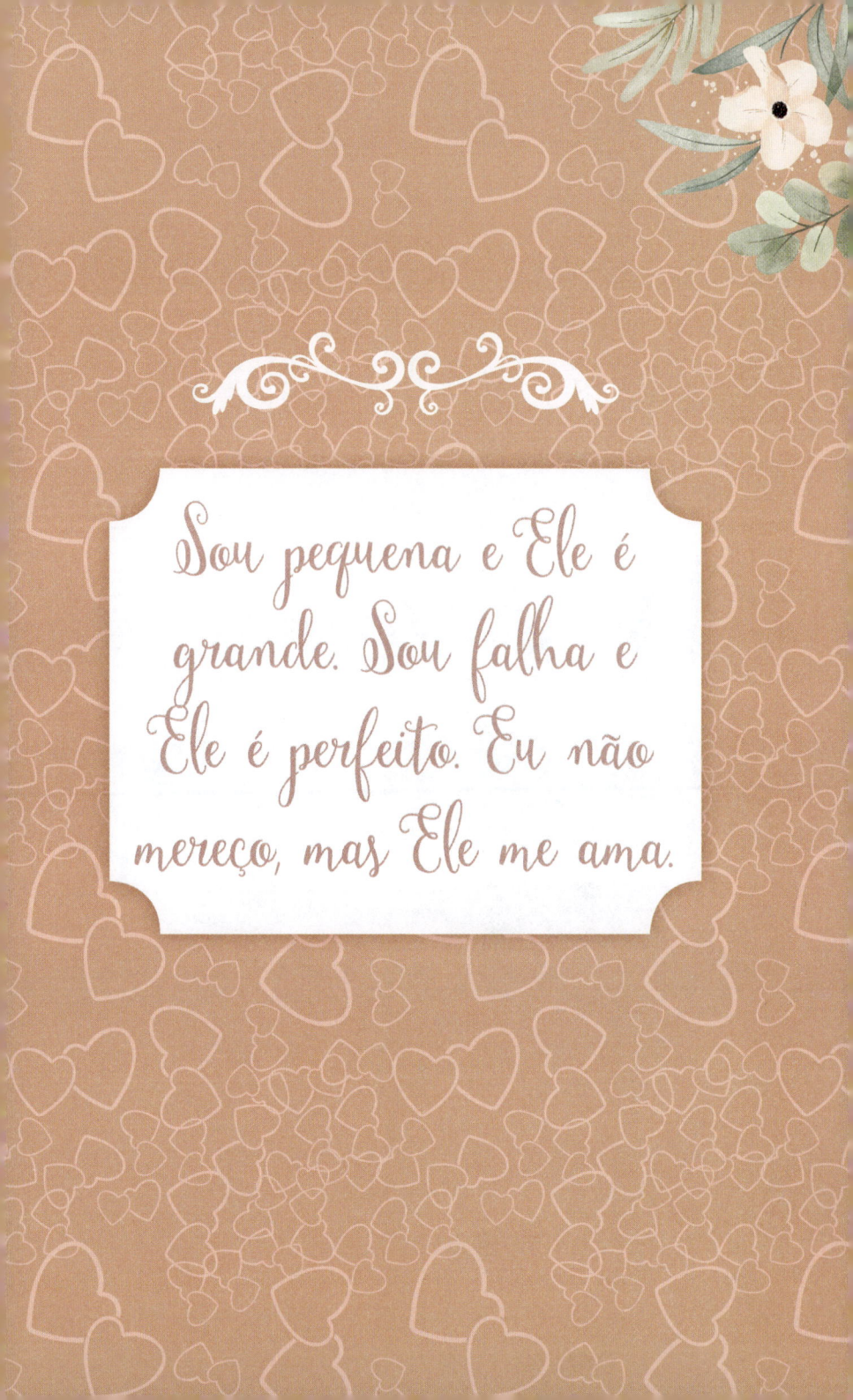

Sou pequena e Ele é grande. Sou falha e Ele é perfeito. Eu não mereço, mas Ele me ama.

Semana abençoada

Metas da semana

-
-
-
-
-
-
-
-
-
-
-
-
-

Motivos de oração

-
-
-
-
-
-
-
-
-
-
-
-
-

Comprar

-
-
-
-
-
-
-
-

Ideias

-
-
-
-
-
-
-
-

Prepare-se para uma semana de reflexões

LEITURA: Eclesiastes 9

Prioridades

Tudo que fizer, faça bem feito...
ECLESIASTES 9:10

Sempre quis aprender a tocar violoncelo, mas nunca tive tempo de me matricular num curso. Ou, melhor dizendo, nunca arranjei tempo para isso. Pensava que no Céu eu provavelmente dominaria esse instrumento. Nesse meio tempo, queria concentrar-me em usar o meu tempo para servir a Deus das formas como Ele me chamou a fazer.

A vida é curta, e muitas vezes nos sentimos pressionados a usar o máximo do nosso tempo na Terra. Mas o que isso realmente significa?

Ao contemplar o significado da vida, o rei Salomão nos deixou duas recomendações. A primeira é que devemos viver da forma mais significativa possível, o que inclui aproveitar as coisas boas que Deus nos permite experimentar na vida, tais como comida e bebida (ECLESIASTES 9:7), roupas elegantes e perfume (v.8), casamento (v.9) e todos os dons de Deus, os quais podem incluir aprender a tocar violoncelo!

A segunda recomendação tem a ver com o fazer bem feito (v.10). A vida é cheia de oportunidades, e sempre há algo mais a ser feito. Devemos aproveitar as oportunidades que Deus nos dá, buscando Sua sabedoria sobre como priorizar a obra e usar os nossos dons para servi-lo.

A vida é um dom maravilhoso do Senhor. Nós o honramos quando temos prazer em Suas bênçãos diárias e em servi-lo de forma significativa.

Poh Fang Chia

Semana abençoada

Metas da semana

Motivos de oração

Comprar

Ideias

Prepare-se para uma semana de confissão
Leitura: Gênesis 3:1-10

Olhos firmemente fechados

...ouviram o Senhor Deus caminhando pelo jardim e se esconderam dele entre as árvores.
Gênesis 3:8

Meu sobrinho sabia que não deveria ter agido daquele jeito. Era fácil perceber que ele sabia que estava errado: estava escrito em sua face! Quando me sentei para conversar sobre o seu erro, ele fechou rapidamente os olhos com força. Lá estava ele, pensando (com a lógica de um garoto de 3 anos) que, se ele não me visse, eu também não seria capaz de vê-lo. Achava que, se estivesse invisível para mim, poderia evitar a conversa e as consequências que ele já esperava.

Claro que eu estava feliz por *poder* vê-lo naquele momento. Ainda que eu não pudesse admitir as atitudes dele, e precisássemos conversar sobre elas, eu não queria que algo acontecesse entre nós. Queria que ele me olhasse e visse o quanto eu o amava e estava disposta a lhe perdoar! Naquele momento, tive um vislumbre de como talvez Deus tenha se sentido quando Adão e Eva traíram a Sua confiança no jardim do Éden. Percebendo a própria culpa, eles tinham tentado se esconder de Deus (Gênesis 3:10), que podia "vê-los" tão claramente quanto eu era capaz de ver o meu sobrinho.

Quando percebemos que agimos mal, muitas vezes queremos evitar as consequências. Fugimos, escondemo-nos ou fechamos os olhos para a verdade. Uma vez que Deus nos responsabiliza com base em Seu padrão de justiça, Ele nos vê (e nos busca!) e nos ama, e também nos oferece perdão por meio de Jesus Cristo.

Kirsten Holmberg

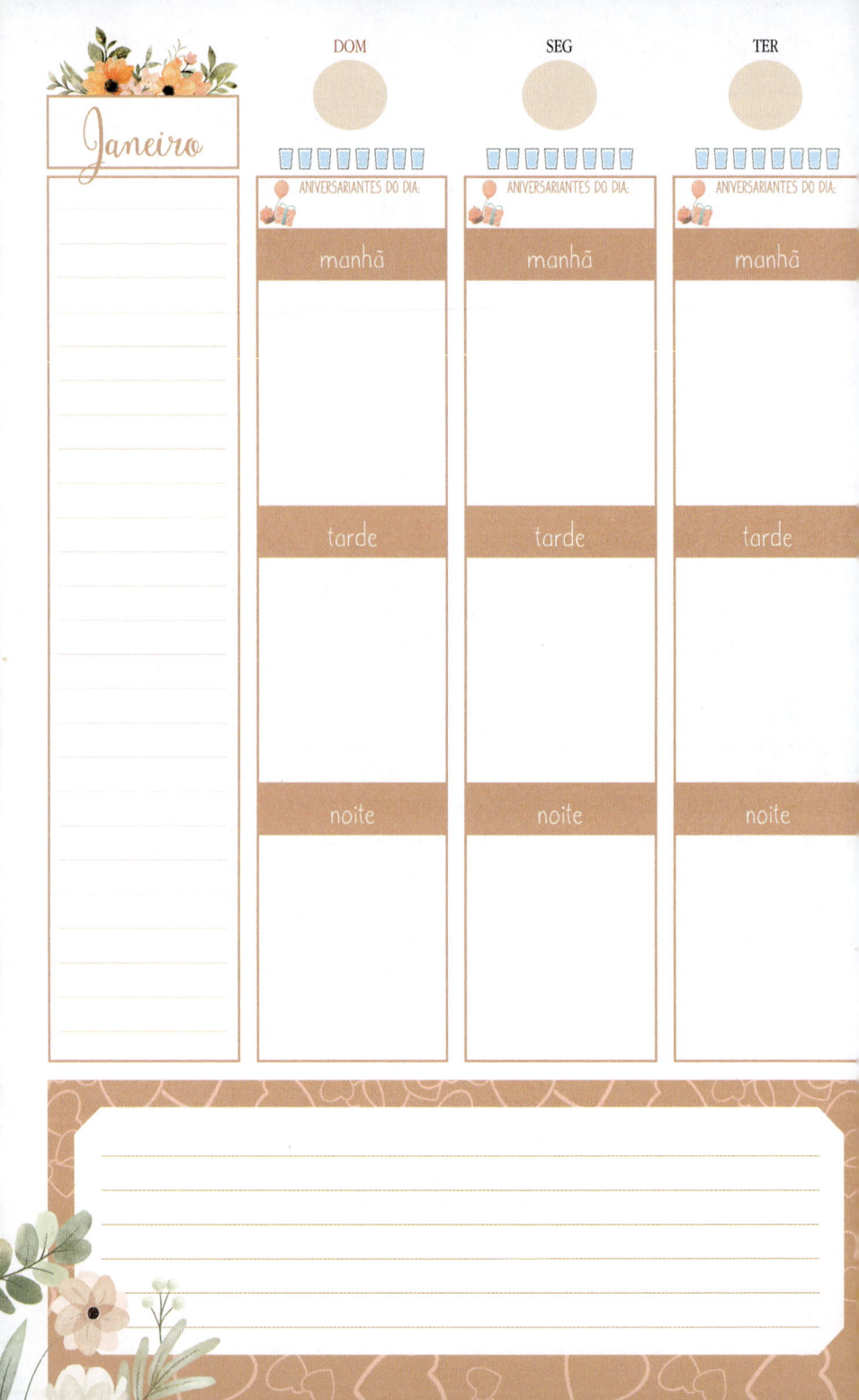

Semana abençoada

Metas da semana

Motivos de oração

Comprar

Ideias

Prepare-se para uma semana de transformações

Leitura: 2 Crônicas 33

Transformados e transformando

*Depois, restaurou o altar do Senhor [...].
Também incentivou o povo de Judá a adorar o Senhor...*

2 Crônicas 33:16

Jani e Modupe Omideyi cresceram na Nigéria e foram estudar no Reino Unido no final dos anos 70. Transformados pela graça de Deus, nunca imaginaram que seriam usados para transformar uma das comunidades mais carentes e segregadas da Inglaterra: Anfield, na cidade de Liverpool. Enquanto o casal buscava a Deus e servia à comunidade, o Senhor restaurava a esperança de muitos. Hoje, eles lideram uma igreja vibrante e trabalham em projetos comunitários que transformaram inúmeras vidas.

Manassés mudou sua comunidade; primeiro para o mal e depois para o bem. Coroado rei de Judá aos 12 anos, ele fez o povo desviar-se e cometer atos ruins durante anos (2 Crônicas 33:1-9). Eles não prestaram atenção aos alertas de Deus, e, assim, o Senhor permitiu que Manassés fosse levado como prisioneiro para a Babilônia (vv.10-11).

Na angústia, o rei clamou a Deus, que o ouviu e lhe restaurou o reino (vv.12-13). Transformado, o rei reconstruiu os muros da cidade e livrou-se dos deuses estranhos (vv.14-,15). "Depois, restaurou o altar do Senhor [...] Também incentivou o povo de Judá a adorar o Senhor..." (v.16). Observando a transformação de Manassés, os israelitas também foram transformados (v.17). Que Deus possa nos transformar e impactar nossas comunidades por nosso intermédio.

Ruth O'Reilly-Smith

Janeiro

DOM
ANIVERSARIANTES DO DIA:
- manhã
- tarde
- noite

SEG
ANIVERSARIANTES DO DIA:
- manhã
- tarde
- noite

TER
ANIVERSARIANTES DO DIA:
- manhã
- tarde
- noite

Semana abençoada

Metas da semana

Motivos de oração

Comprar

Ideias

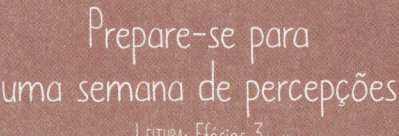

Prepare-se para uma semana de percepções

LEITURA: Efésios 3

Dimensões infinitas

> ...peço que [...] vocês possam compreender a largura, o comprimento, a altura e a profundidade do amor de Cristo.
>
> EFÉSIOS 3:18

Deitada, prendi a respiração ao clique da máquina. Eu conhecia muitos que já tinham feito ressonância magnética, mas, para uma claustrofóbica como eu, a experiência exigia concentração em algo ou Alguém muito maior do que eu mesma.

Em minha mente, a frase das Escrituras: "a largura, o comprimento, a altura e a profundidade do amor de Cristo" (v.18), se movia no ritmo do zumbido da máquina. Em sua oração pela igreja de Éfeso, Paulo descreveu quatro dimensões do amor de Deus para destacar os parâmetros infinitos de Seu amor e presença.

Minha posição lá deitada dava uma nova imagem ao meu entendimento. Largura: os 15 cm de cada lado onde meus braços se espremiam dentro do tubo. Comprimento: a distância entre as duas aberturas do cilindro, estendendo-se da minha cabeça aos meus pés. Altura: os 15 cm do meu nariz ao "teto" do tubo. Profundidade: o suporte do tubo fixo ao piso que me sustentava. Quatro dimensões que ilustravam a presença de Deus me cercando e me segurando no tubo de ressonância — e em todas as circunstâncias da vida.

O amor de Deus está por todos os lados. Largura: Ele estende os braços para alcançar as pessoas de todos os lugares. Comprimento: Seu amor é infinito. Altura: Ele nos eleva. Profundidade: Ele nos ampara em todas as situações. Nada pode nos separar dele! (ROMANOS 8:38-39).

Elisa Morgan

Semana abençoada

Metas da semana

Motivos de oração

Comprar

Ideias

Prepare-se para uma semana de amor ao próximo

LEITURA: 1 Tessalonicenses 5

A situação dos lagostins

...procurem sempre fazer o bem uns aos outros e a todos.
1 TESSALONICENSES 5:15

Quando o meu primo me convidou para ir pescar lagostins, fiquei muito entusiasmada. Sorri quando ele me deu um balde de plástico. "Sem tampa?". "Você não vai precisar de tampa", ele respondeu. Mais tarde, ao observar os pequenos crustáceos subindo uns nos outros na vã tentativa de fugir do balde quase cheio, percebi por que não precisaríamos daquela tampa. Sempre que um lagostim chegava à borda, os outros o puxavam de volta.

Aquela situação me fez lembrar do quanto é destrutivo pensar no nosso próprio ganho em vez de pensar no benefício coletivo. Paulo compreendia a necessidade dos relacionamentos edificantes e interdependentes. Ele aconselhou os tessalonicenses a advertir os indisciplinados, encorajar os desanimados, ajudar os fracos e a serem pacientes com todos (1 TESSALONICENSES 5:14).

Elogiando essa comunidade (v.11), Paulo os incitou a manter relacionamentos mais amorosos e pacíficos (vv.13-15). Lutando para criar uma cultura de perdão, gentileza e compaixão, os relacionamentos deles com Deus e com o próximo seriam fortalecidos (vv.15,23).

A igreja pode crescer e ser também testemunha de Cristo a partir desse tipo de unidade em amor. Quando os cristãos honram a Deus, comprometendo-se a edificar os outros em vez de derrubá-los com palavras ou ações, nós e nossas comunidades somos edificados.

Xochitl Dixon

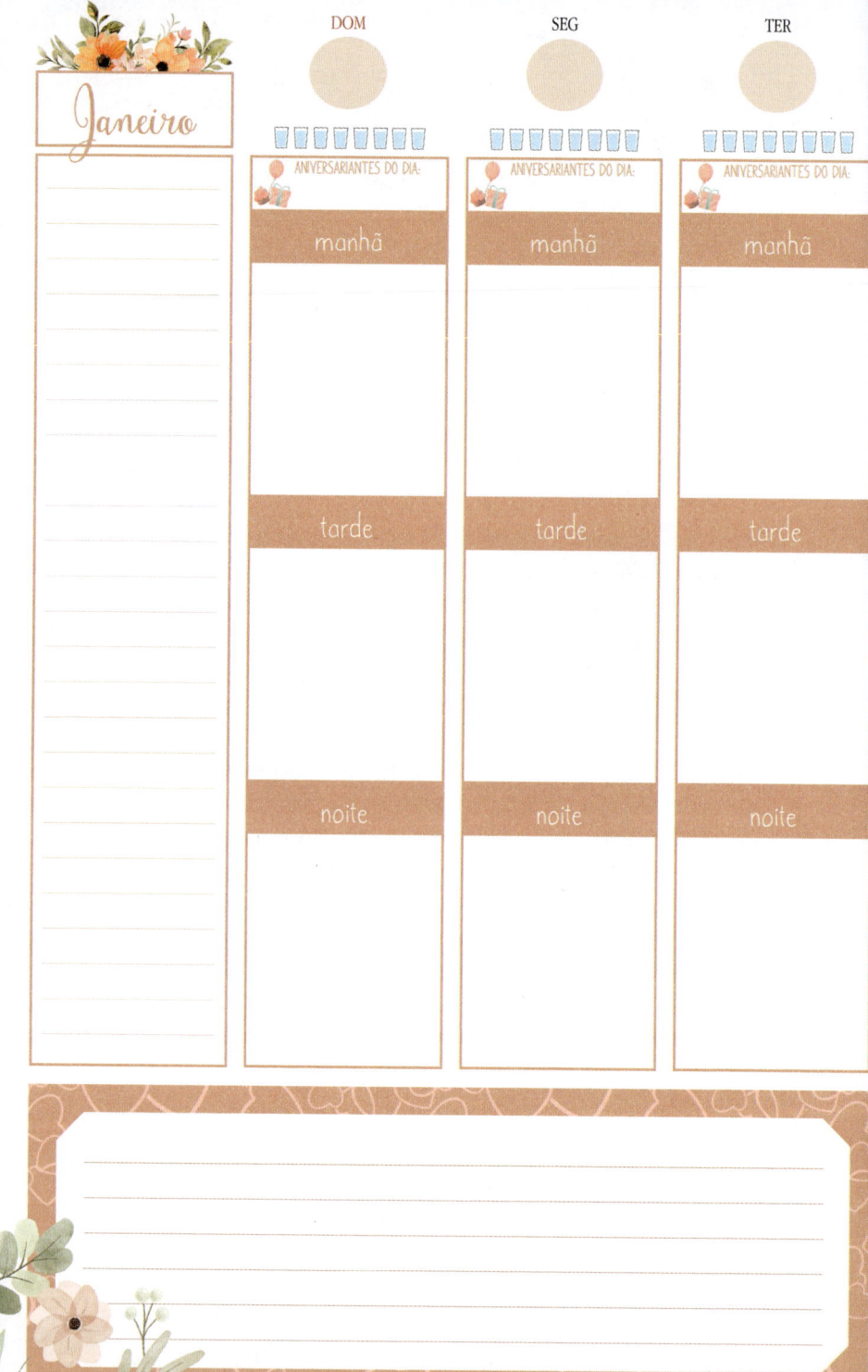

Janeiro

DOM	SEG	TER

manhã / tarde / noite

ANIVERSARIANTES DO DIA:

Semana abençoada

Metas da semana

Motivos de oração

Comprar

Ideias

Prepare-se para uma semana de segurança em Deus

LEITURA: Romanos 8

Do que você não pode desistir?

...nada [...] nada, em toda a criação, jamais poderá nos separar do amor de Deus revelado em Cristo Jesus, nosso Senhor.

ROMANOS 8:39

"Do que você não pode desistir?", perguntou o apresentador. Alguns ouvintes responderam mencionando a família, outro compartilhou algumas lembranças da sua falecida esposa. Outros ainda contaram que não poderiam desistir dos sonhos, como viver da música ou de ser mãe. Todos nós temos algo que valorizamos muito: uma pessoa, uma paixão, um bem, algo do qual não podemos desistir.

Em Oseias, Deus nos diz que não desistirá do Seu povo escolhido, Israel, Seu bem mais precioso. Como um marido amoroso, Deus sustentou Israel com tudo o que a nação precisava: terra, alimento, roupas e segurança. Mesmo assim, como uma esposa adúltera, Israel rejeitou Deus e buscou felicidade e segurança em outro lugar. Quanto mais Deus o perseguia, mais o povo se afastava (Oseias 11:2). Entretanto, embora o povo tenha magoado o Senhor, Deus não desistiu de Israel (v.8). Ele disciplinava o povo para redimi-lo; Seu desejo era reestabelecer o relacionamento com os israelitas (v.11).

Hoje, todos os filhos de Deus podem ter a mesma garantia: Seu amor por nós nunca nos abandonará (vv.37-39). Se nos afastamos dele, Ele deseja que voltemos. Quando Deus nos disciplina, podemos ter o consolo de que se trata de um sinal de Sua busca, não de Sua rejeição. Ele não desistirá de nós.

Poh Fang Chia

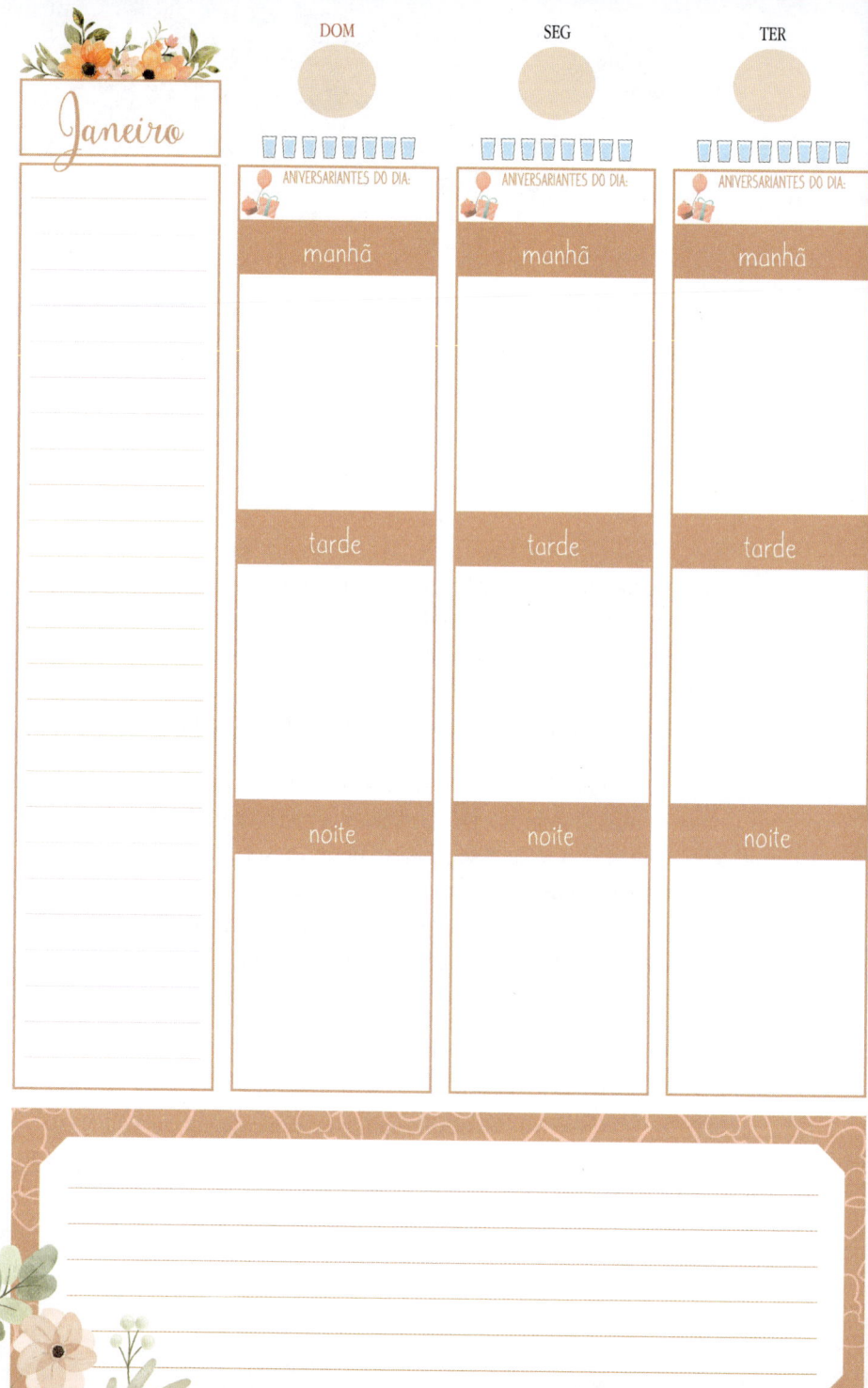

Planejamento fevereiro

QUA	QUI	SEX	SÁB

Encontramos alegria quando aprendemos a permanecer no amor de Jesus.

Objetivos para fevereiro

Quando faltar vento, reme mesmo assim. Quando tiver dúvidas, ore mesmo assim.

Semana abençoada

Metas da semana

Motivos de oração

Comprar

Ideias

Prepare-se para uma semana de fidelidade

Leitura: Provérbios 5

A beleza do amor

Seja abençoada a sua fonte.
PROVÉRBIOS 5:18

A dança mexicana do chapéu, também conhecida como "Jarabe Tapatío", celebra o romance. Durante essa dança contagiante, o homem coloca seu sombreiro no chão. Ao final, a mulher o ajunta, e ambos se escondem atrás do chapéu para selar o seu romance com um beijo.

Essa dança tradicional me lembra da importância da fidelidade no casamento. No livro de Provérbios, depois de falar sobre o alto preço da imoralidade, lemos que o casamento é exclusivo: "Beba a água de sua própria cisterna, compartilhe seu amor somente com a sua esposa" (PROVÉRBIOS 5:15). Mesmo com dez casais dançando o *Jarabe* no salão, cada pessoa centraliza a sua atenção apenas no próprio parceiro. Podemos alegrar-nos num compromisso profundo e integral com o nosso cônjuge (v.18).

Nosso romance também está sendo observado. Os dançarinos, enquanto se divertem com o parceiro, sabem que alguém os assiste. Da mesma forma, lemos: "Pois o SENHOR vê com clareza o que o homem faz e examina todos os seus caminhos" (v.21). Deus quer proteger o nosso casamento e, por isso, observa-nos constantemente. Que possamos agradar a Deus com a lealdade que demonstramos um ao outro.

Assim como há o ritmo próprio na dança *Jarabe* há um ritmo que nós precisamos e devemos seguir. Quando nos mantemos no ritmo do nosso Criador sendo fiéis a Ele — quer sejamos casados ou não, encontramos bênçãos e alegria na caminhada cristã.

Keila Ochoa

Fevereiro

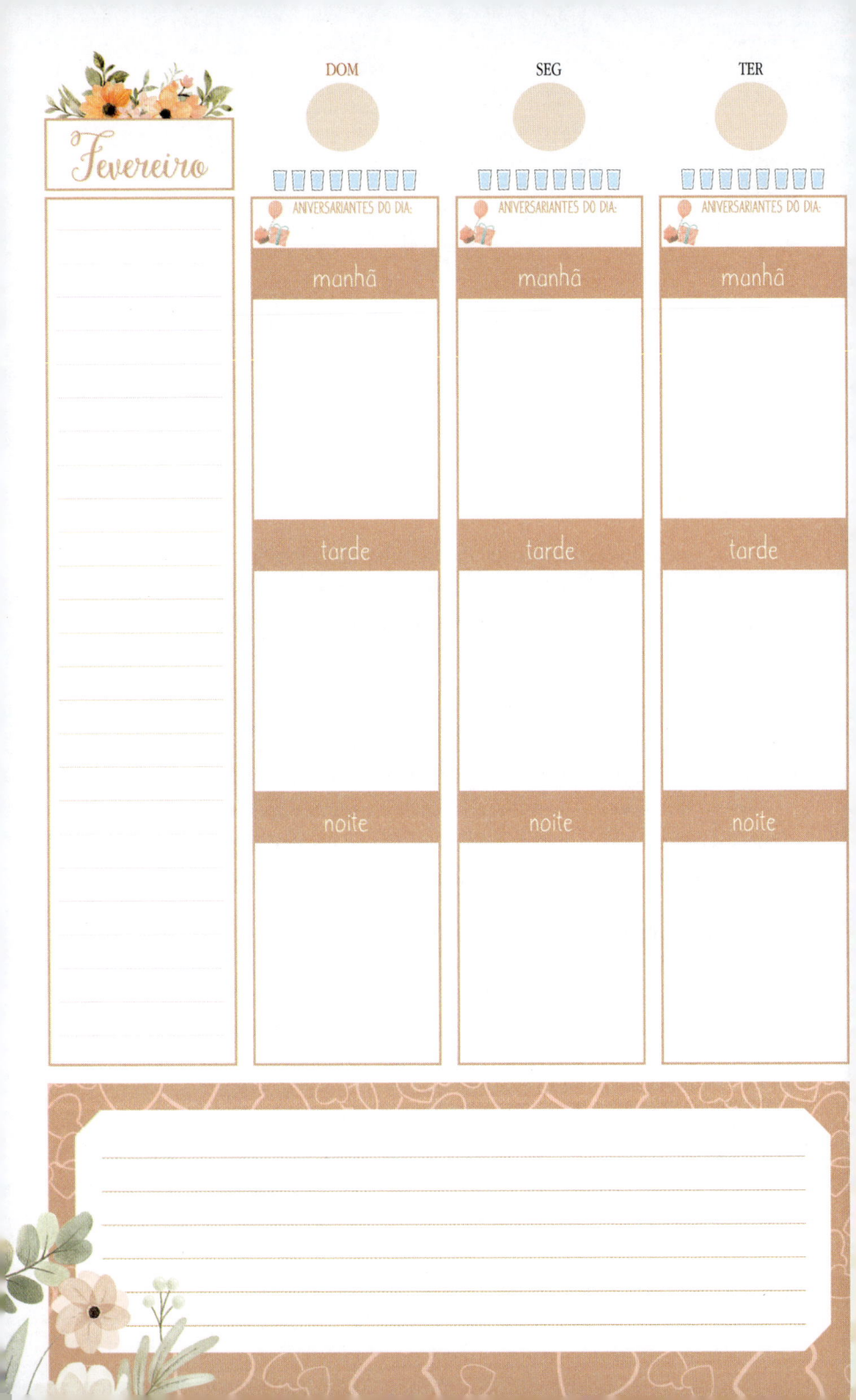

DOM	SEG	TER

ANIVERSARIANTES DO DIA:

manhã

tarde

noite

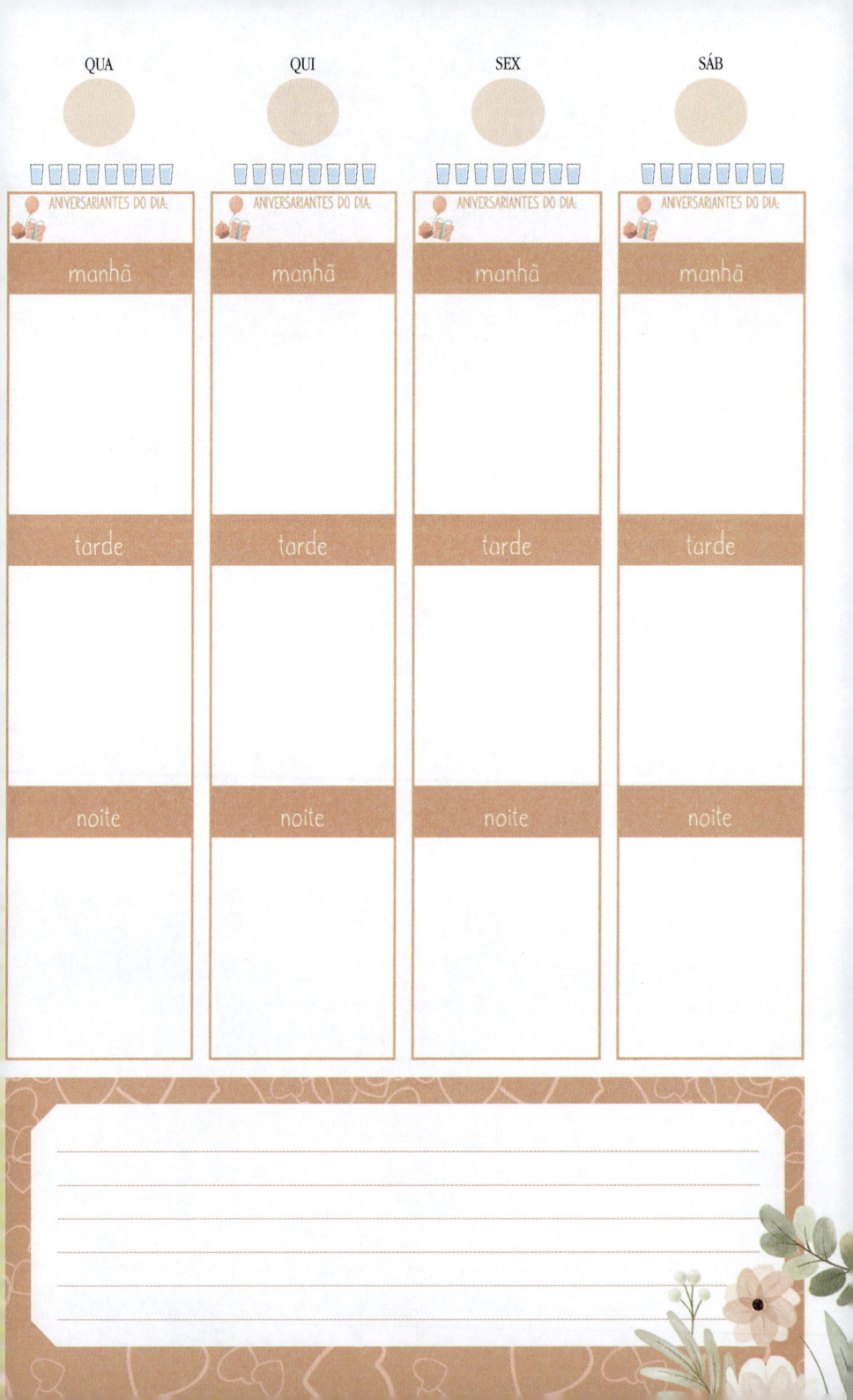

QUA	QUI	SEX	SÁB
ANIVERSARIANTES DO DIA:	ANIVERSARIANTES DO DIA:	ANIVERSARIANTES DO DIA:	ANIVERSARIANTES DO DIA:
manhã	manhã	manhã	manhã
tarde	tarde	tarde	tarde
noite	noite	noite	noite

Semana abençoada

Metas da semana

Motivos de oração

Comprar

Ideias

Prepare-se para uma semana de contemplação

LEITURA: Salmo 19

Canção da criação

Os céus proclamam a glória de Deus; o firmamento demonstra a habilidade de suas mãos

SALMO 19:1

Com a astronomia acústica, os cientistas observam e ouvem os sons e pulsos do espaço. Eles descobriram que as estrelas não orbitam em silêncio no céu, mas geram música. Assim como os sons da baleia jubarte, a ressonância das estrelas existe em comprimentos de onda ou frequências que podem não ser ouvidas pelo ouvido humano. Mas os sons das estrelas, das baleias e de outras criaturas criam uma sinfonia que proclama a grandeza de Deus.

Salmo 19:1-4 diz: "Os céus proclamam a glória de Deus; o firmamento demonstra a habilidade de suas mãos. Dia após dia, eles continuam a falar; noite após noite, eles o tornam conhecido. Não há som nem palavras, nunca se ouve o que eles dizem. Sua mensagem, porém, chegou a toda a terra, e suas palavras, aos confins do mundo".

O apóstolo Paulo revela que, por meio de Jesus, "todas as coisas foram criadas, tanto nos céus como na terra, todas as coisas que podemos ver e as que não podemos [...] Tudo foi criado por meio dele e para ele" (COLOSSENSES 1:16). Em resposta, as alturas e profundidades do mundo cantam ao Criador. Que nos juntemos à criação para cantar a grandeza daquele que "mediu os céus com os dedos" (ISAÍAS 40:12).

Remi Oydele

Fevereiro

DOM	SEG	TER
ANIVERSARIANTES DO DIA:	ANIVERSARIANTES DO DIA:	ANIVERSARIANTES DO DIA:
manhã	manhã	manhã
tarde	tarde	tarde
noite	noite	noite

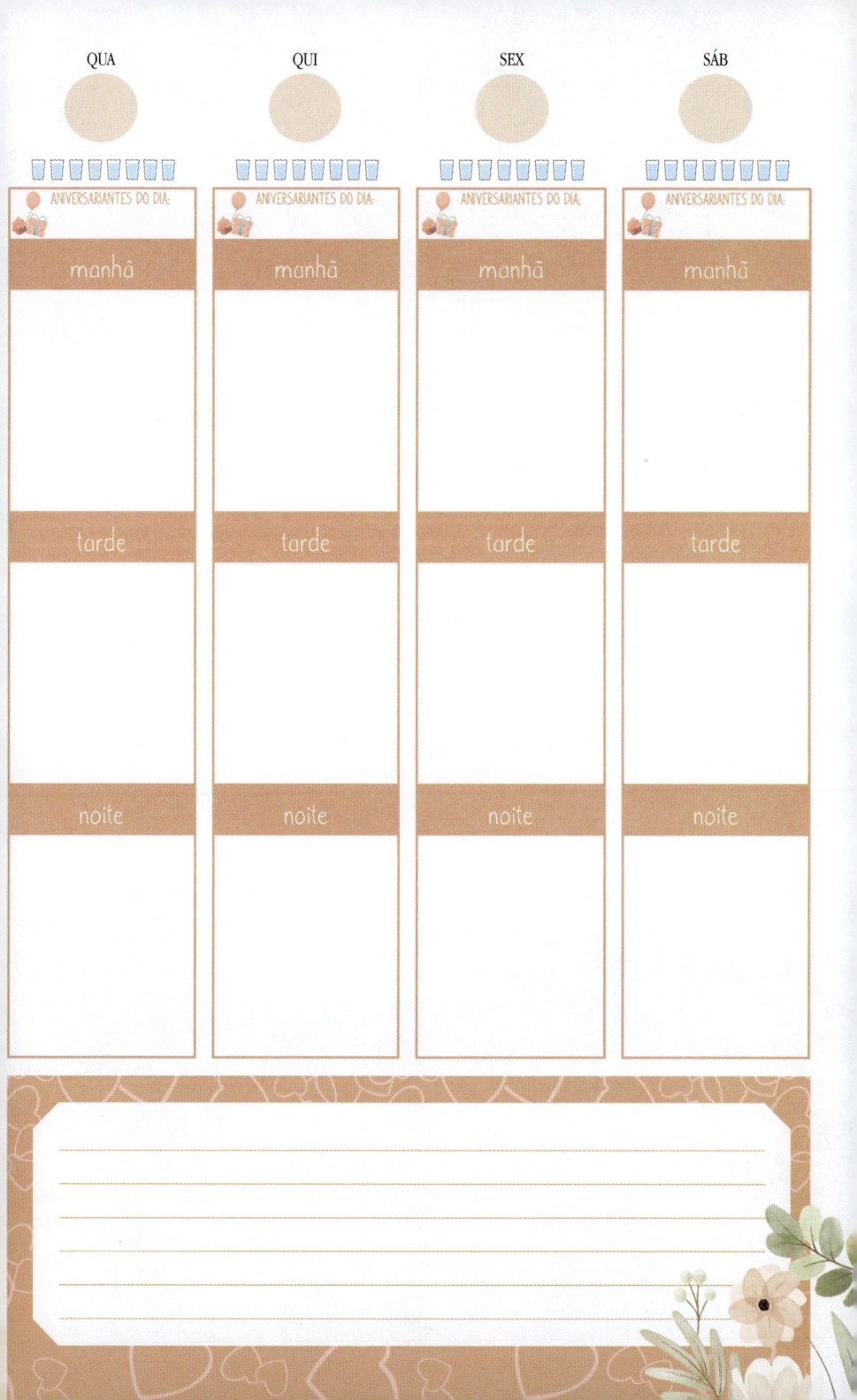

QUA	QUI	SEX	SÁB
ANIVERSARIANTES DO DIA:	ANIVERSARIANTES DO DIA:	ANIVERSARIANTES DO DIA:	ANIVERSARIANTES DO DIA:
manhã	manhã	manhã	manhã
tarde	tarde	tarde	tarde
noite	noite	noite	noite

Semana abençoada

Metas da semana

-
-
-
-
-
-
-
-
-
-
-

Motivos de oração

-
-
-
-
-
-
-
-
-
-
-

Comprar

-
-
-
-
-
-
-
-

Ideias

-
-
-
-
-
-
-
-

> Prepare-se para
> uma semana de altruísmo
> Leitura: Isaías 58

Um grande negócio

Este é o tipo de jejum que desejo: [...] Libertem os oprimidos, removam as correntes que prendem as pessoas.
ISAÍAS 58:6

Um membro da família precisava de ajuda para pagar o seu aluguel do mês de dezembro. Para a família dele, o pedido parecia um fardo, principalmente com as despesas inesperadas que tinham tido naquele final do ano. Mas, eles reviraram suas economias, e gratos a Deus pelas provisões que o Senhor lhes tinha dado, eles puderam abençoar graciosamente o parente necessitado. Ele lhes entregou um cartão de agradecimento. "Lá vão vocês de novo… fazendo coisas legais como se não fossem nada demais".

Mas ajudar os outros é um grande feito para Deus. Isaías deixou isso claro para a nação de Israel. As pessoas estavam jejuando, mas ainda discutiam e brigavam. O profeta lhes disse: "Soltem os que foram presos injustamente, aliviem as cargas de seus empregados [...]. Repartam seu alimento com os famintos, ofereçam abrigo aos que não têm casa. Deem roupas aos que precisam, não se escondam dos que carecem de ajuda" (ISAÍAS 58:6-7).

Tal sacrifício, segundo o profeta, espalha a luz de Deus, mas também cura o nosso próprio sofrimento (v.8). Quando a família ajudou o parente, eles examinaram suas próprias finanças buscando formas de administrá-las melhor ao longo de todo o ano. Esta foi a promessa de Deus aos generosos: "Sua justiça os conduzirá adiante, e a glória do SENHOR os protegerá na retaguarda" (v.8). No fim, ajudar o parente abençoou ainda mais a família. E Deus? Ele já doou o Seu Filho — com amor.

Patrícia Raybon

Fevereiro

DOM	SEG	TER

ANIVERSARIANTES DO DIA:

manhã | **manhã** | **manhã**

tarde | **tarde** | **tarde**

noite | **noite** | **noite**

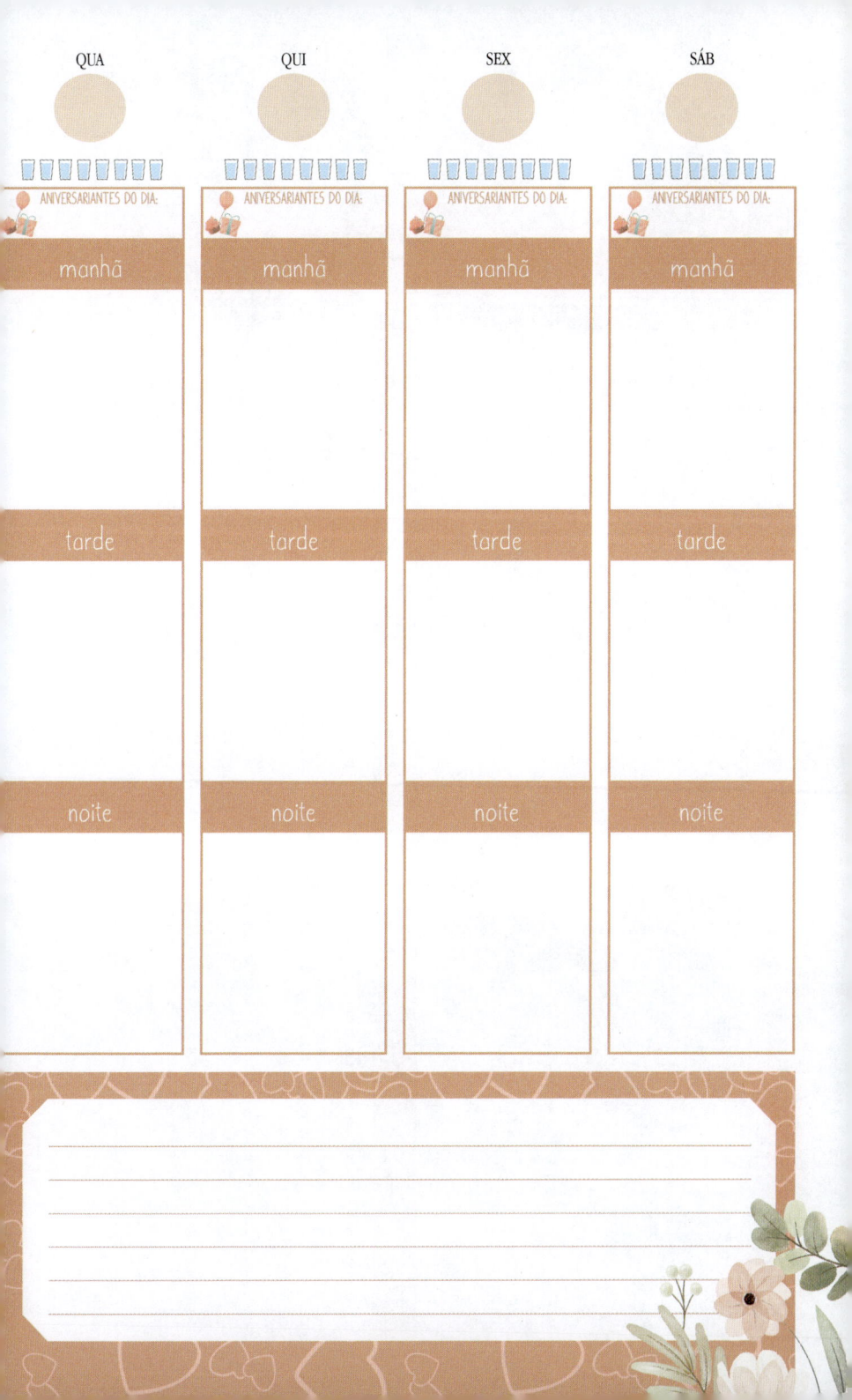

QUA	QUI	SEX	SÁB
ANIVERSARIANTES DO DIA:	ANIVERSARIANTES DO DIA:	ANIVERSARIANTES DO DIA:	ANIVERSARIANTES DO DIA:
manhã	manhã	manhã	manhã
tarde	tarde	tarde	tarde
noite	noite	noite	noite

Semana abençoada

Metas da semana

Motivos de oração

Comprar

Ideias

Prepare-se para uma semana de coragem
LEITURA: Ester 4

Justos entre as nações

...justamente para uma ocasião como esta...
ESTER 4:14

No *Yad Vashem*, o museu do Holocausto de Israel, meu marido e eu fomos ao Jardim que honra as pessoas que arriscaram a vida para salvar judeus durante o Holocausto. Nele, encontramos um grupo da Holanda. Uma das mulheres procurava o nome dos avós gravado nas placas. Intrigados, perguntamos-lhe sobre a história da família.

Os avós dela, Rev. Pieter e Adriana Müller, como membros da resistência abrigaram um menino judeu de 2 anos fazendo-o passar como o caçula dos seu oito filhos. Movidos, perguntamos: "Ele sobreviveu?". Um senhor idoso colocou-se à frente e declarou: "Eu sou aquele menino!".

A coragem de muitos ao agir em favor do povo judeu me lembra a rainha Ester. Talvez a rainha pensasse que, por ter escondido sua etnia, ela poderia escapar do decreto do rei Xerxes de aniquilar os judeus. Mas Ester foi convencida a agir, mesmo sob risco de morte, quando seu primo lhe pediu para não silenciar sobre sua herança judaica porque ela tinha sido colocada nessa posição "justamente para uma ocasião como esta" (ESTER 4:14).

Talvez nunca precisemos tomar uma decisão tão contundente. Todavia provavelmente teremos de nos posicionar contra uma injustiça ou ficar em silêncio; ajudar alguém com problemas ou dar as costas. Que Deus nos conceda coragem.

Lisa Samra

Fevereiro

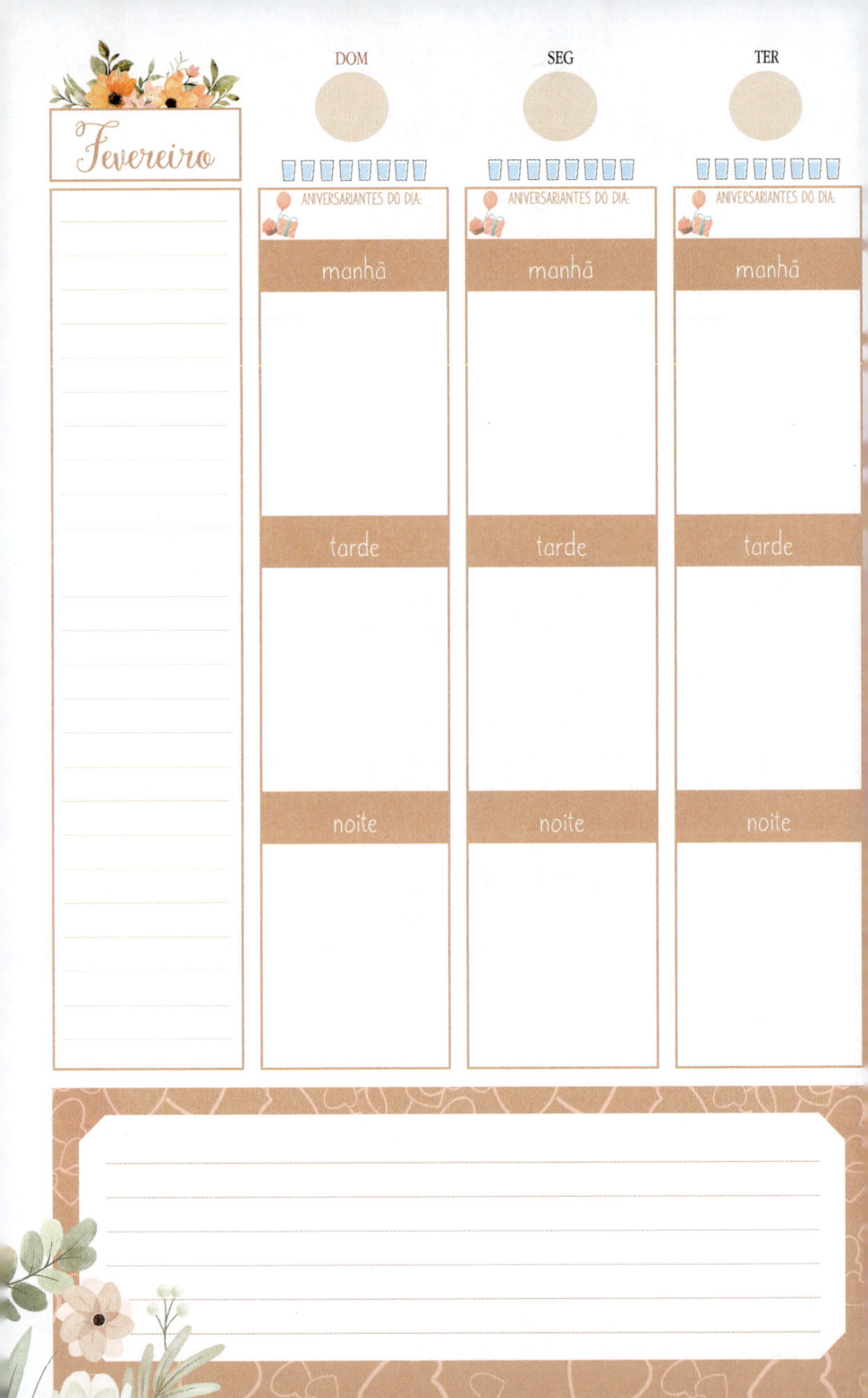

DOM	SEG	TER

ANIVERSARIANTES DO DIA:

- manhã
- tarde
- noite

QUA

ANIVERSARIANTES DO DIA:

manhã

tarde

noite

QUI

ANIVERSARIANTES DO DIA:

manhã

tarde

noite

SEX

ANIVERSARIANTES DO DIA:

manhã

tarde

noite

SÁB

ANIVERSARIANTES DO DIA:

manhã

tarde

noite

Semana abençoada

Metas da semana

-
-
-
-
-
-
-
-
-
-
-
-

Motivos de oração

-
-
-
-
-
-
-
-
-
-
-
-

Comprar

-
-
-
-
-
-
-
-

Ideias

-
-
-
-
-
-
-
-

Prepare-se para uma semana de clamor por justiça

LEITURA: Salmo 94

Mudança de ânimo

Quando minha mente estava cheia de dúvidas, teu consolo me deu esperança e ânimo.

SALMO 94:19

Esperando na estação de trem pelo meu trajeto semanal, os pensamentos negativos povoaram minha mente enquanto os trabalhadores se enfileiravam para embarcar: o estresse por causa de dívidas, comentários negativos, impotência diante de alguma injustiça cometida a um membro da família. Quando o trem chegou, eu estava com um humor terrível.

No trem, outro pensamento me veio à mente: escrever um bilhete a Deus sobre o meu lamento. Logo depois de derramar minhas queixas num diário, peguei o celular e escutei canções de louvor. Antes de perceber, meu mau humor já tinha mudado completamente.

Pouco sabia que estava seguindo um padrão estabelecido pelo autor do Salmo 94. O salmista primeiramente derramou suas queixas a Deus: "Levanta-te, ó Juiz da terra, dá aos orgulhosos o que merecem [...]. Quem me protegerá dos perversos? Quem me defenderá dos que praticam o mal?" (vv.2,16). Ele não se segurou ao falar com Deus sobre a injustiça cometida aos órfãos e às viúvas. Depois de fazer seu lamento, o salmo tornou-se em louvor: "Mas o SENHOR é a minha fortaleza; meu Deus é a rocha onde me refugio" (v.22).

Linda Washington

Fevereiro

DOM	SEG	TER

ANIVERSARIANTES DO DIA:

manhã

tarde

noite

QUA	QUI	SEX	SÁB
ANIVERSARIANTES DO DIA:	ANIVERSARIANTES DO DIA:	ANIVERSARIANTES DO DIA:	ANIVERSARIANTES DO DIA:
manhã	manhã	manhã	manhã
tarde	tarde	tarde	tarde
noite	noite	noite	noite

Planejamento março

DOM	SEG	TER

"Que o Senhor conduza o coração de vocês ao amor de Deus e à perseverança que vem de Cristo." —2 Tessalonicenses 3:5

Planejamento março

QUA	QUI	SEX	SÁB

A oração sem expectativas
é como a descrença disfarçada.

Objetivos para março

Lembre-se da identidade que Deus lhe deu e não do rótulo que os outros lhe dão.

Semana abençoada

Metas da semana

-
-
-
-
-
-
-
-
-
-
-
-
-

Motivos de oração

-
-
-
-
-
-
-
-
-
-
-
-
-

Comprar

-
-
-
-
-
-
-
-

Ideias

-
-
-
-
-
-
-
-

Prepare-se para uma semana de foco

LEITURA: João 3

Tudo o que posso ver

Ele deve se tornar cada vez maior, e eu, cada vez menor.
João 3:30

Era um dia de inverno congelante, e Ivete estava olhando para o lindo farol envolto pela neve junto ao lago. Ao pegar o celular para tirar fotos, seus óculos ficaram embaçados. Sem conseguir enxergar, ela decidiu apontar a câmera para a direção do farol e tirar três fotos de ângulos diferentes. Vendo as imagens depois, percebeu que a câmera estava regulada para tirar selfies. Ivete sorriu e falou: "Meu foco estava só em mim. Tudo o que eu vi foi eu mesma". Essas fotos me levaram a pensar num erro parecido: podemos nos focar tanto em nós mesmos a ponto de perder de vista o plano de Deus.

João Batista, o primo de Jesus, sabia claramente que o seu foco não era ele mesmo. Desde o início, ele reconheceu que a sua função ou o seu chamado era conduzir as pessoas a Jesus, o Filho de Deus. "João viu Jesus caminhando em sua direção e disse: Vejam! É o Cordeiro de Deus…" (João 1:29). E continuou: "…vim batizando com água para que ele fosse revelado a Israel" (v.31). Quando os discípulos de João posteriormente lhe contaram que Jesus estava ganhando seguidores, ele declarou: "Vocês sabem que eu lhes disse claramente: Eu não sou o Cristo. Estou aqui apenas para preparar o caminho para ele. […] Ele deve se tornar cada vez maior, e eu, cada vez menor" (3:28-30).

Que amar Jesus de todo o nosso coração seja o nosso motivo para viver.

Anne Cetas

Março

DOM	SEG	TER

ANIVERSARIANTES DO DIA:

- manhã
- tarde
- noite

QUA	QUI	SEX	SÁB
ANIVERSARIANTES DO DIA:	ANIVERSARIANTES DO DIA:	ANIVERSARIANTES DO DIA:	ANIVERSARIANTES DO DIA:
manhã	manhã	manhã	manhã
tarde	tarde	tarde	tarde
noite	noite	noite	noite

Semana abençoada

Metas da semana

Motivos de oração

Comprar

Ideias

Prepare-se para uma semana de testemunho
Leitura: Atos 9

O amor nos transforma

> Logo, começou a falar de Jesus nas sinagogas, dizendo: "Ele é o Filho de Deus".
> **Atos 9:20**

Antes de conhecer Jesus, eu estava tão ferida a ponto de evitar relacionamentos próximos por medo de me magoar ainda mais. Minha mãe foi minha melhor amiga até eu me casar com Alan. Sete anos depois e já na iminência de um divórcio, levei nosso filho pequeno, Xavier, a um culto. Sentada próxima à saída, temia confiar, mas estava desesperada por receber ajuda.

Alguns cristãos oraram por nossa família e me ensinaram a ter um relacionamento com Deus por meio da oração e leitura da Bíblia. Com o tempo, o amor de Cristo e de Seus seguidores me transformou. Em dois anos, a família toda foi batizada. Tempos depois, minha mãe comentou: "Você está diferente. Fale-me mais sobre Jesus". Alguns meses se passaram, e ela também aceitou a Cristo.

Jesus transforma vidas… como a de Saulo, um dos mais temidos perseguidores da Igreja até o seu encontro com Cristo (Atos 9:1-5). Outros ajudaram Saulo a aprender mais sobre Jesus (vv.17-19). A drástica transformação dele se somou à credibilidade de seu ensinamento capacitado pelo Espírito (vv.20-22).

Nosso primeiro encontro pessoal com Jesus pode não ser tão dramático. A transformação da nossa vida pode não ser tão rápida ou drástica. Mas, à medida que as pessoas notarem como o amor de Cristo nos transforma, teremos oportunidades de dizer aos outros o que Ele fez por nós.

Xochitl Dixon

Março

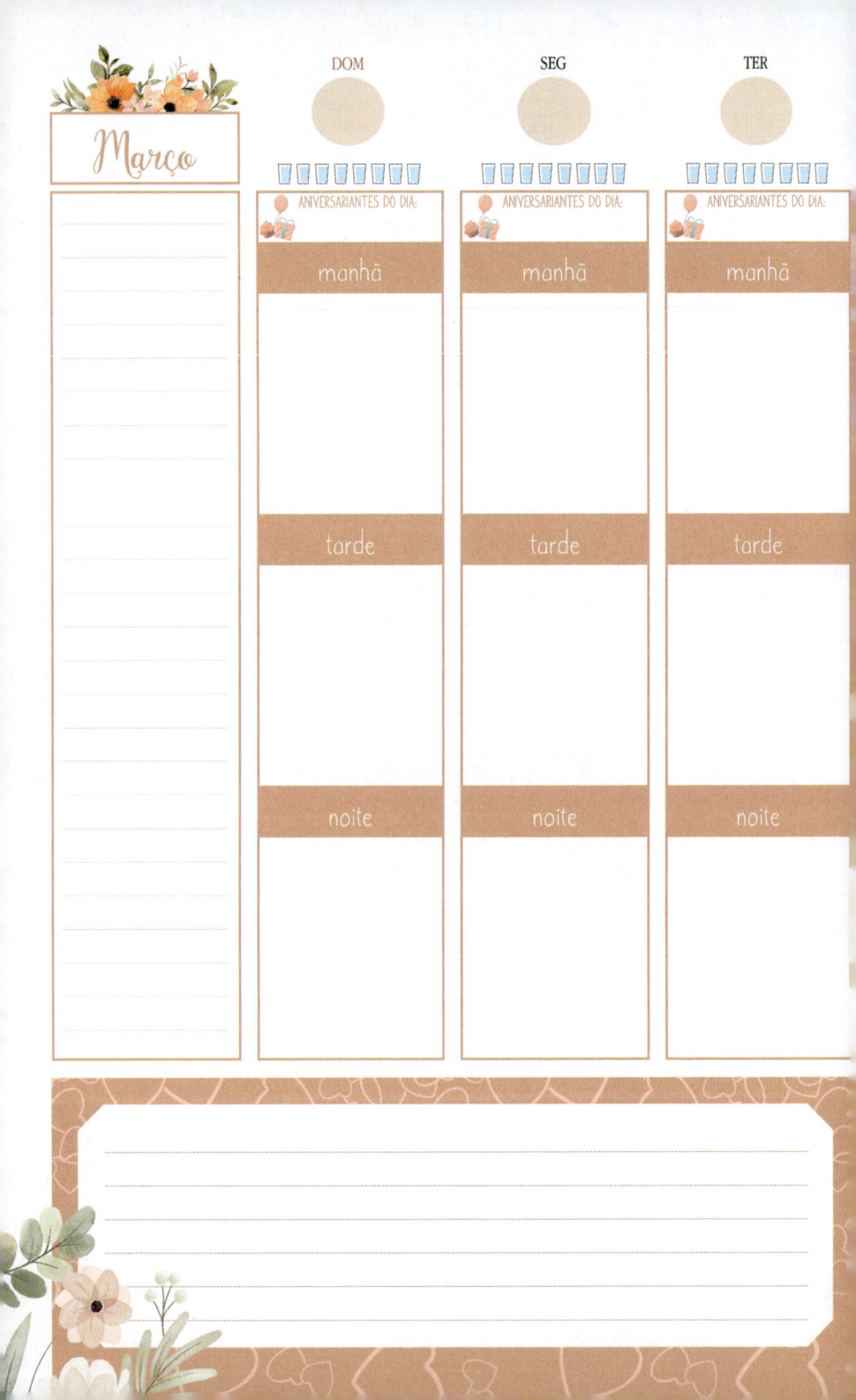

DOM	SEG	TER

ANIVERSARIANTES DO DIA:

manhã	manhã	manhã
tarde	tarde	tarde
noite	noite	noite

QUA	QUI	SEX	SÁB

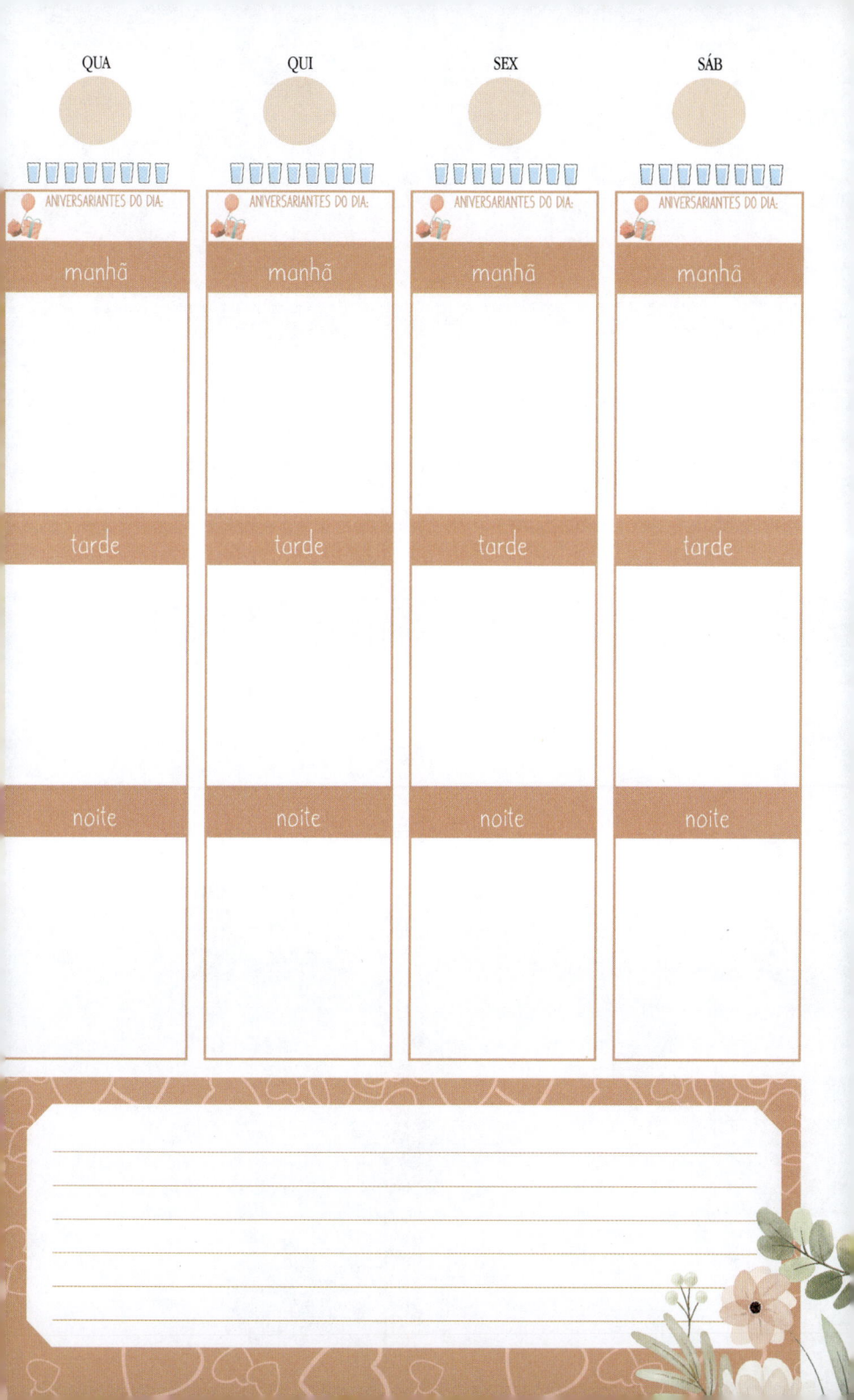

ANIVERSARIANTES DO DIA:

manhã

tarde

noite

Semana abençoada

Metas da semana

-
-
-
-
-
-
-
-
-
-
-
-
-
-

Motivos de oração

-
-
-
-
-
-
-
-
-
-
-
-
-
-

Comprar

-
-
-
-
-
-
-
-
-

Ideias

-
-
-
-
-
-
-
-
-

Prepare-se para uma semana de confiança em Deus

Leitura: Salmo 16

Amor e paz

...não deixarás minha alma entre os mortos [...] me mostrarás o caminho da vida e [...] a alegria da tua presença...

Salmo 16:10-11

Sempre me surpreende a forma como a paz — poderosa e inexplicável (Filipenses 4:7) — pode encher o nosso coração mesmo em meio à dor mais profunda. Passei por isso recentemente no funeral do meu pai. Uma fila de conhecidos passava oferecendo condolências quando me senti aliviada em ver um amigo da adolescência. Sem nada dizer, ele me envolveu com um longo abraço apertado. Seu entendimento silencioso fluiu em mim com a primeira sensação de paz em meio à dor, um lembrete poderoso de que eu não estava sozinha.

Como Davi descreve no Salmo 16, o tipo de paz e alegria que Deus traz à nossa vida não é provocado pela escolha de reprimir a dor em tempos difíceis; é mais como uma dádiva que só podemos usufruir quando nos refugiamos em Deus (vv.1-2).

Podemos reagir à dor causada pela morte distraindo-nos, imaginando que buscar outros "deuses" manterá a dor a distância. Porém, veremos que os esforços para fugir da aflição apenas geram uma dor ainda mais profunda (v.4).

Ou podemos nos voltar para Deus, confiando, mesmo sem entender, que a vida que Ele nos concedeu ainda é boa e linda (vv.6-8). E podemos nos render aos Seus braços de amor que carinhosamente nos carregam, em meio à dor, para a paz e a alegria que nem a morte pode extinguir (v.11).

Monica La Rose

Março

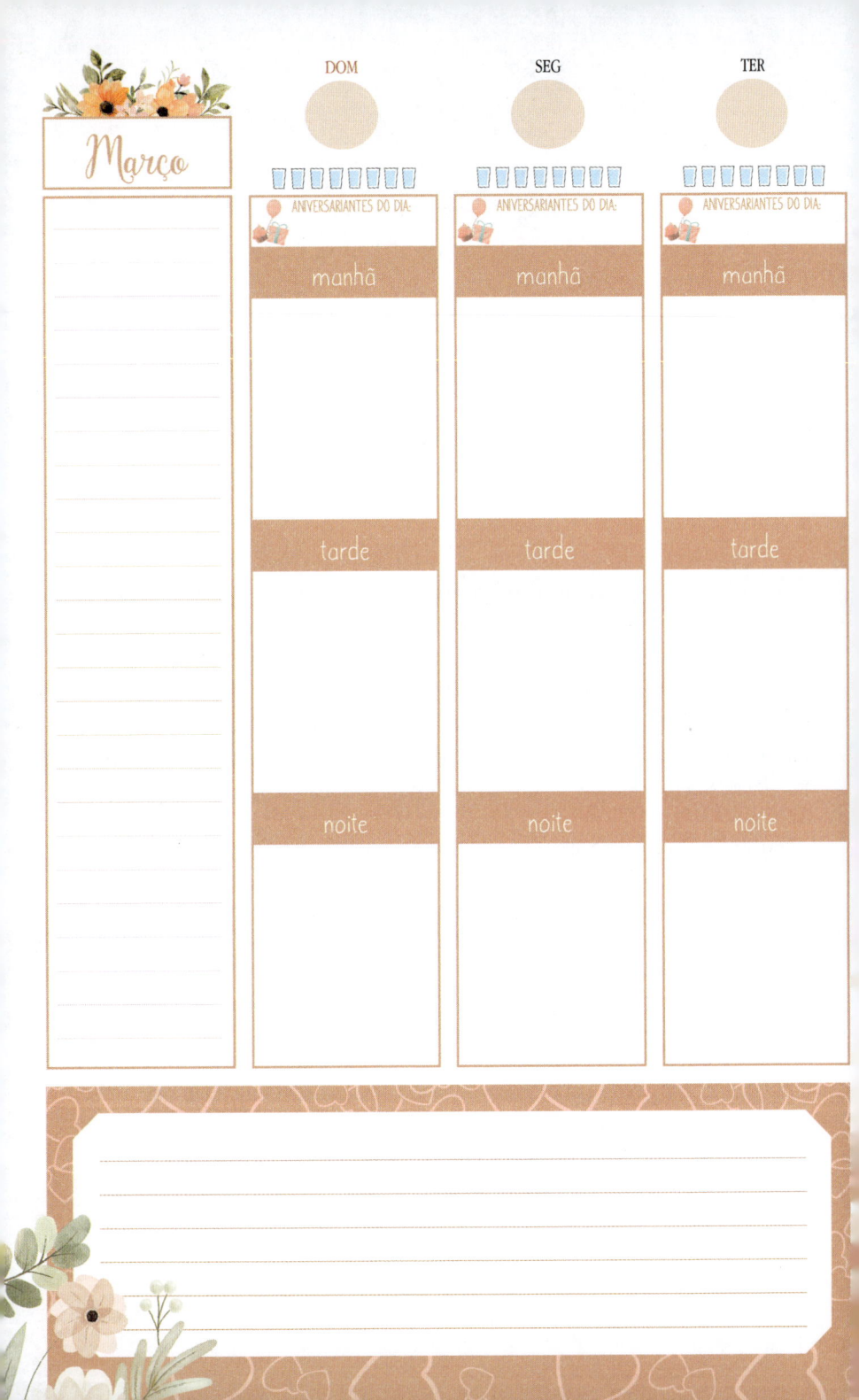

DOM	SEG	TER

ANIVERSARIANTES DO DIA:

manhã

tarde

noite

ANIVERSARIANTES DO DIA:

manhã

tarde

noite

ANIVERSARIANTES DO DIA:

manhã

tarde

noite

QUA	QUI	SEX	SÁB
ANIVERSARIANTES DO DIA:	ANIVERSARIANTES DO DIA:	ANIVERSARIANTES DO DIA:	ANIVERSARIANTES DO DIA:
manhã	manhã	manhã	manhã
tarde	tarde	tarde	tarde
noite	noite	noite	noite

Semana abençoada

Metas da semana

Motivos de oração

Comprar

Ideias

Prepare-se para uma semana de resgate de identidade

Leitura: 1 João 3

Descobrindo meu verdadeiro eu

Sabemos, porém, que seremos semelhantes a ele [a Jesus], pois o veremos como ele realmente é.

1 João 3:2

Quem sou eu? Essa é a pergunta que um animal de pelúcia desbotado faz a si mesmo no livro infantil *Nothing* (Nada), de Mick Inkpen. Abandonado num canto empoeirado do sótão, o animal ouve quando o chamam de "nada" e acha que esse é o seu nome: Nada..

Encontros com outros animais despertam lembranças. Nada percebe que ele costumava ter cauda, bigodes e listras. Porém, ele só se lembra de quem realmente é quando conhece um gato malhado que o ajuda a encontrar o caminho de casa. Aí então, Nada se lembra de sua identidade: ele é um gato de pelúcia chamado Toby. Depois disso, o dono dele carinhosamente o restaura, costurando nele novas orelhas, cauda, bigodes e listras.

Sempre que leio esse livro, penso em minha própria identidade. Quem sou eu? Escrevendo para os cristãos, João afirmou que Deus nos chamou de filhos (3:1). Não entendemos totalmente essa identidade, mas, quando virmos Jesus, seremos semelhantes a Ele (v.2). Assim como o gato Toby, um dia seremos restaurados à identidade planejada para nós, a qual foi prejudicada pelo pecado.

Hoje, podemos compreender essa identidade apenas parcialmente e podemos reconhecer a imagem de Deus uns nos outros. Porém, no dia em que virmos Jesus, seremos completamente restaurados à identidade que Deus planejou para nós. Seremos novas criaturas.

Amy Peterson

Março

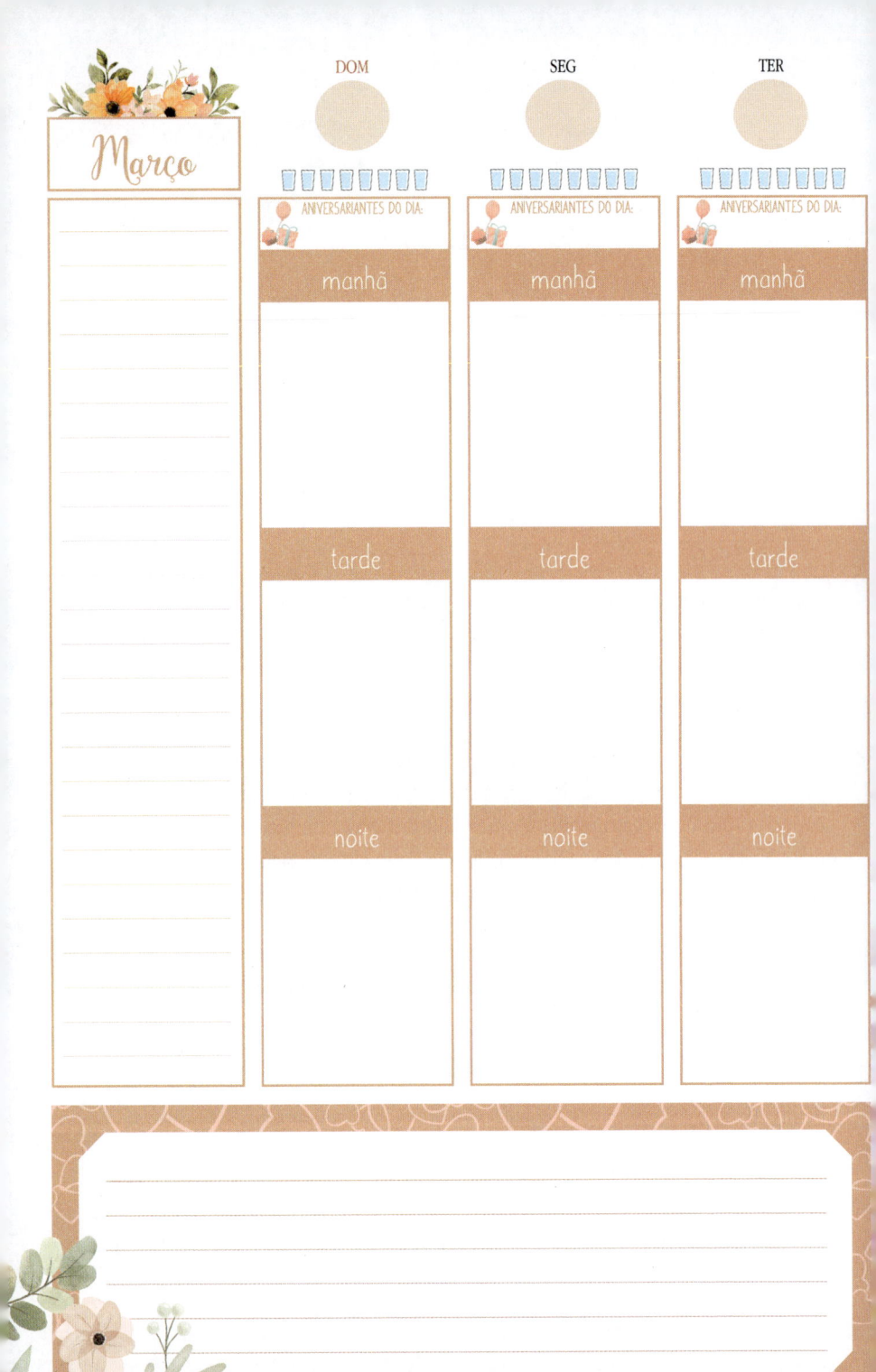

DOM	SEG	TER

ANIVERSARIANTES DO DIA:

manhã

tarde

noite

QUA

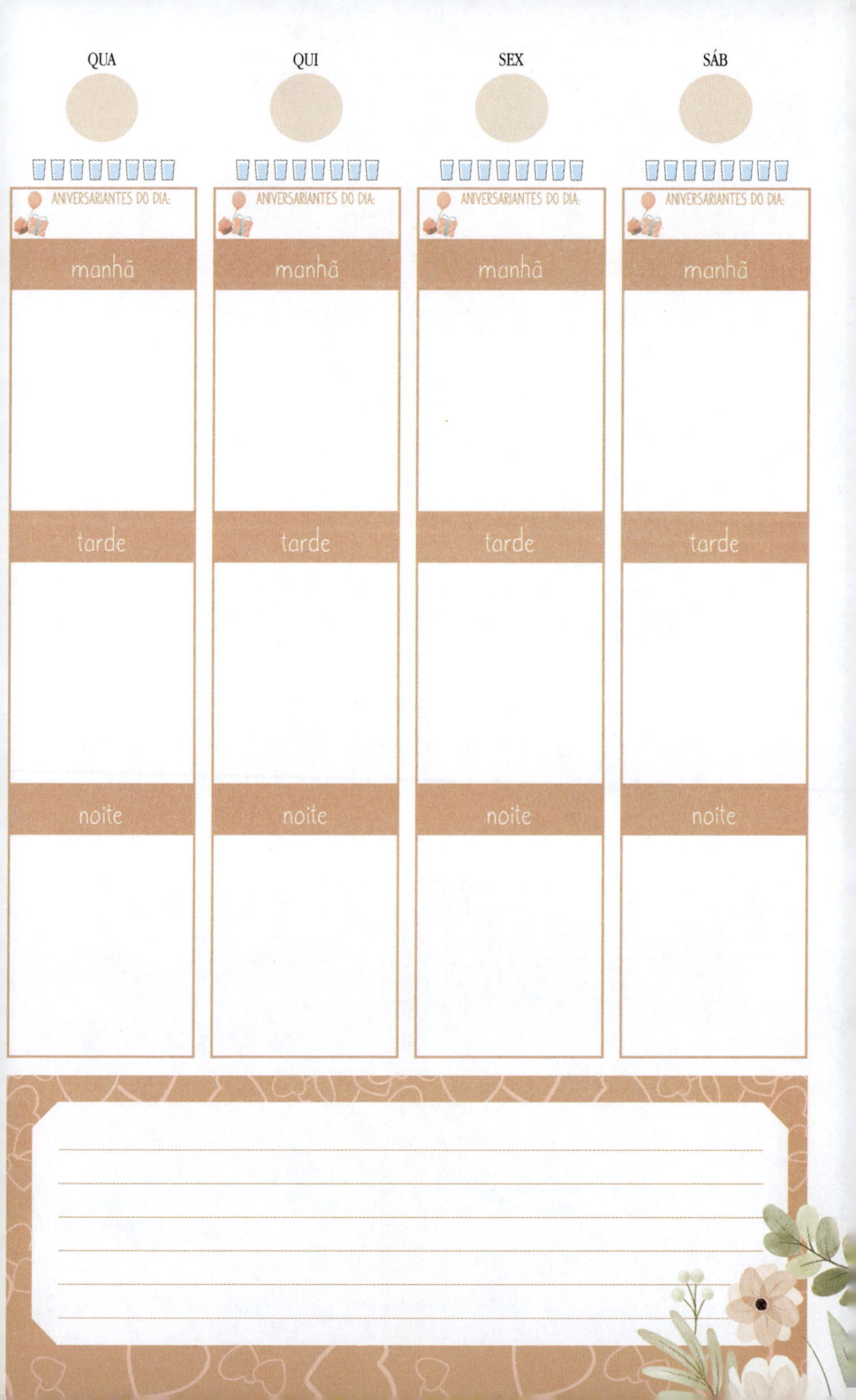

ANIVERSARIANTES DO DIA:

manhã

tarde

noite

QUI

ANIVERSARIANTES DO DIA:

manhã

tarde

noite

SEX

ANIVERSARIANTES DO DIA:

manhã

tarde

noite

SÁB

ANIVERSARIANTES DO DIA:

manhã

tarde

noite

Semana abençoada

Metas da semana

-
-
-
-
-
-
-
-
-
-
-
-
-

Motivos de oração

-
-
-
-
-
-
-
-
-
-
-
-
-

Comprar

-
-
-
-
-
-
-
-

Ideias

-
-
-
-
-
-
-
-

Prepare-se para uma semana de créditos corretos
Leitura: 1 Coríntios 1

Dando crédito

...como dizem as Escrituras: "Quem quiser orgulhar-se, orgulhe-se somente no Senhor".

1 Coríntios 1:31

Na década de 60, pinturas de pessoas ou animais com olhos enormes e tristes se tornaram populares. Alguns as consideravam "bregas" ou cafonas, mas outros gostavam muito. Quando o marido de uma artista começou a promover as criações da sua esposa, o casal se tornou bastante próspero. Mas a assinatura da artista — Margaret Keane — não aparecia nas obras. Em vez disso, o marido dela apresentava os trabalhos como se fossem seus. Receosa, Margaret omitiu a fraude por 20 anos até o fim do casamento. Foi preciso levar tintas ao tribunal para provar a identidade da verdadeira artista.

A mentira do homem foi algo errado, mas até nós, seguidores de Jesus, podemos achar fácil tomar o crédito pelos nossos talentos, pelas nossas características de liderança ou até por nossas boas obras. Mas essas qualidades só são possíveis pela graça de Deus. Em Jeremias 9, o profeta lamenta a falta de humildade e o coração obstinado do povo. Segundo o Senhor, não devemos nos orgulhar da nossa sabedoria, força ou riquezas, mas apenas de saber que *Ele* é o Senhor "que demonstra amor leal e traz justiça e retidão à terra" (v.24).

Nosso coração se enche de gratidão quando percebemos a identidade do verdadeiro Artista. "Toda dádiva que é perfeita [...] vem do alto, do Pai..." (Tiago 1:17). Todo crédito, todo louvor pertencem ao Doador das dádivas.

Cindy Hess Kasper

Março

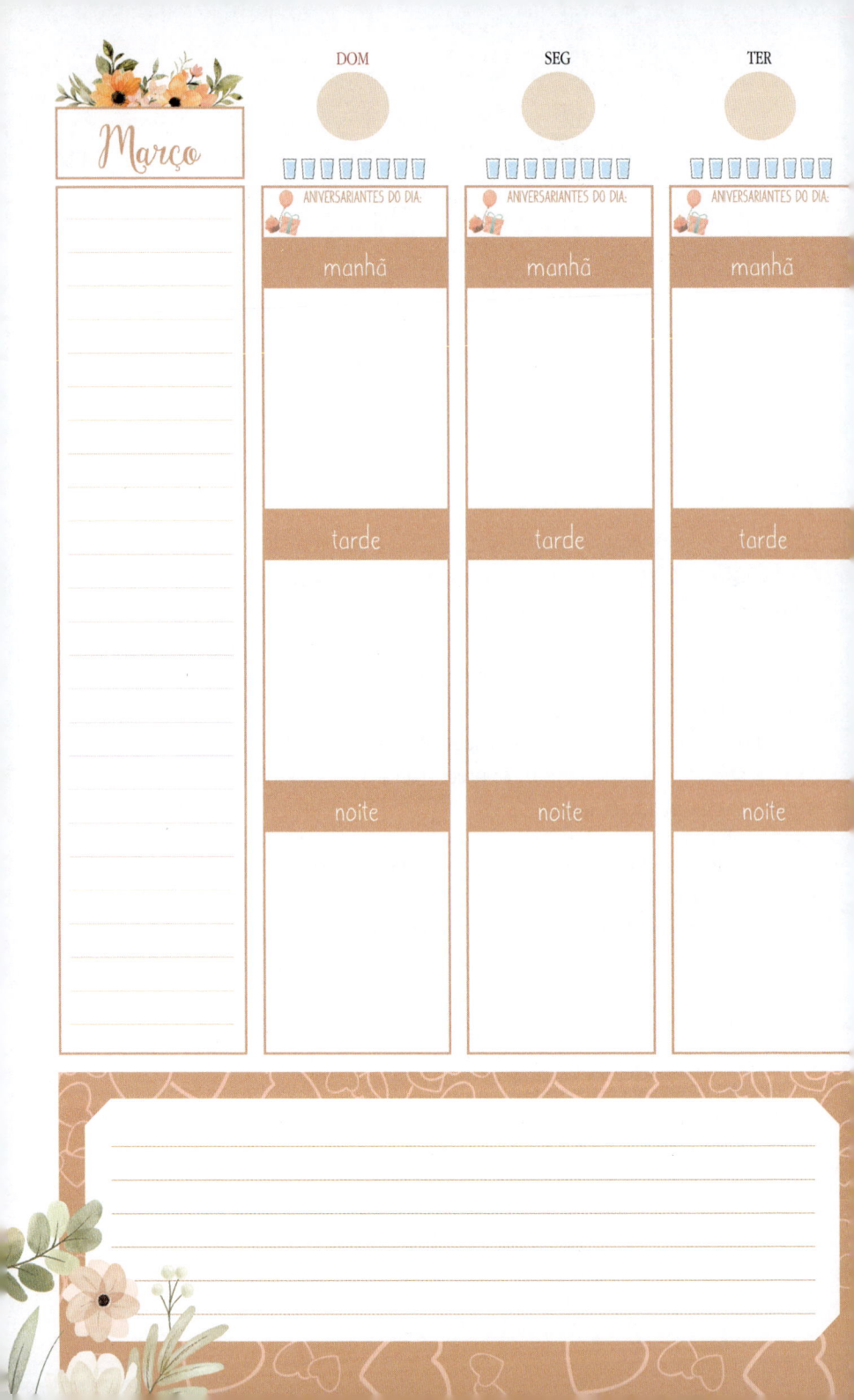

DOM	SEG	TER
ANIVERSARIANTES DO DIA:	ANIVERSARIANTES DO DIA:	ANIVERSARIANTES DO DIA:
manhã	manhã	manhã
tarde	tarde	tarde
noite	noite	noite

QUA	QUI	SEX	SÁB

ANIVERSARIANTES DO DIA:

manhã | **manhã** | **manhã** | **manhã**

tarde | **tarde** | **tarde** | **tarde**

noite | **noite** | **noite** | **noite**

Semana abençoada

Metas da semana

Motivos de oração

Comprar

Ideias

Prepare-se para uma semana de visão
Leitura: Gênesis 16:7-14

Visto por Deus

...Chamou-o de "Tu és o Deus que me vê", pois tinha dito: "Aqui eu vi aquele que me vê!".
Gênesis 16:13

Meus primeiros óculos abriram meus olhos para um mundo nítido. Sou míope e vejo os objetos próximos nítidos e definidos. Sem eles, porém, os itens distantes ficam embaçados. Aos 12 anos, com os meus primeiros óculos, fiquei surpresa ao ver as palavras mais nítidas na lousa, as folhas pequenas das árvores e, talvez o mais importante, os lindos sorrisos das pessoas.

Quando os amigos retribuíam o meu sorriso, eu aprendia que ser vista era uma dádiva tão preciosa quanto a bênção de enxergar.

A escrava Hagar percebeu isso ao escapar das grosserias de Sarai. Hagar era um "zero à esquerda" em sua cultura: grávida e sozinha, que fugiu para o deserto sem ajuda ou esperança. Por Deus tê-la visto, foi capacitada a enxergá-lo. Então, Deus não lhe era apenas um conceito vago; Ele se tornou real para Hagar, tão real que ela lhe deu um nome: *El Roi*, que significa "Tu és o Deus que me vê". Ela disse: "Aqui eu vi aquele que me vê!" (v.13).

Nosso Deus também vê cada um de nós. Você está se sentindo invisível, sozinho ou como um "zero à esquerda"? Deus o vê e vê também o seu futuro. Que possamos ver nele a nossa esperança, salvação e alegria — tanto nos dias de hoje quanto no futuro. Louve-o por esta dádiva maravilhosa da visão, por enxergar o único Deus verdadeiramente vivo.

Patrícia Raybon

Março

DOM	SEG	TER
ANIVERSARIANTES DO DIA:	ANIVERSARIANTES DO DIA:	ANIVERSARIANTES DO DIA:
manhã	manhã	manhã
tarde	tarde	tarde
noite	noite	noite

QUA	QUI	SEX	SÁB
ANIVERSARIANTES DO DIA:	ANIVERSARIANTES DO DIA:	ANIVERSARIANTES DO DIA:	ANIVERSARIANTES DO DIA:
manhã	manhã	manhã	manhã
tarde	tarde	tarde	tarde
noite	noite	noite	noite

Planejamento abril

DOM	SEG	TER

"Não tenha medo nem desanime, pois o próprio Senhor irá adiante de vocês. Ele estará com vocês; não os deixará nem os abandonará." —Deuteronômio 31:8

Planejamento abril

QUA	QUI	SEX	SÁB

Na presença de Deus, os nossos medos desaparecem.

Objetivos para abril

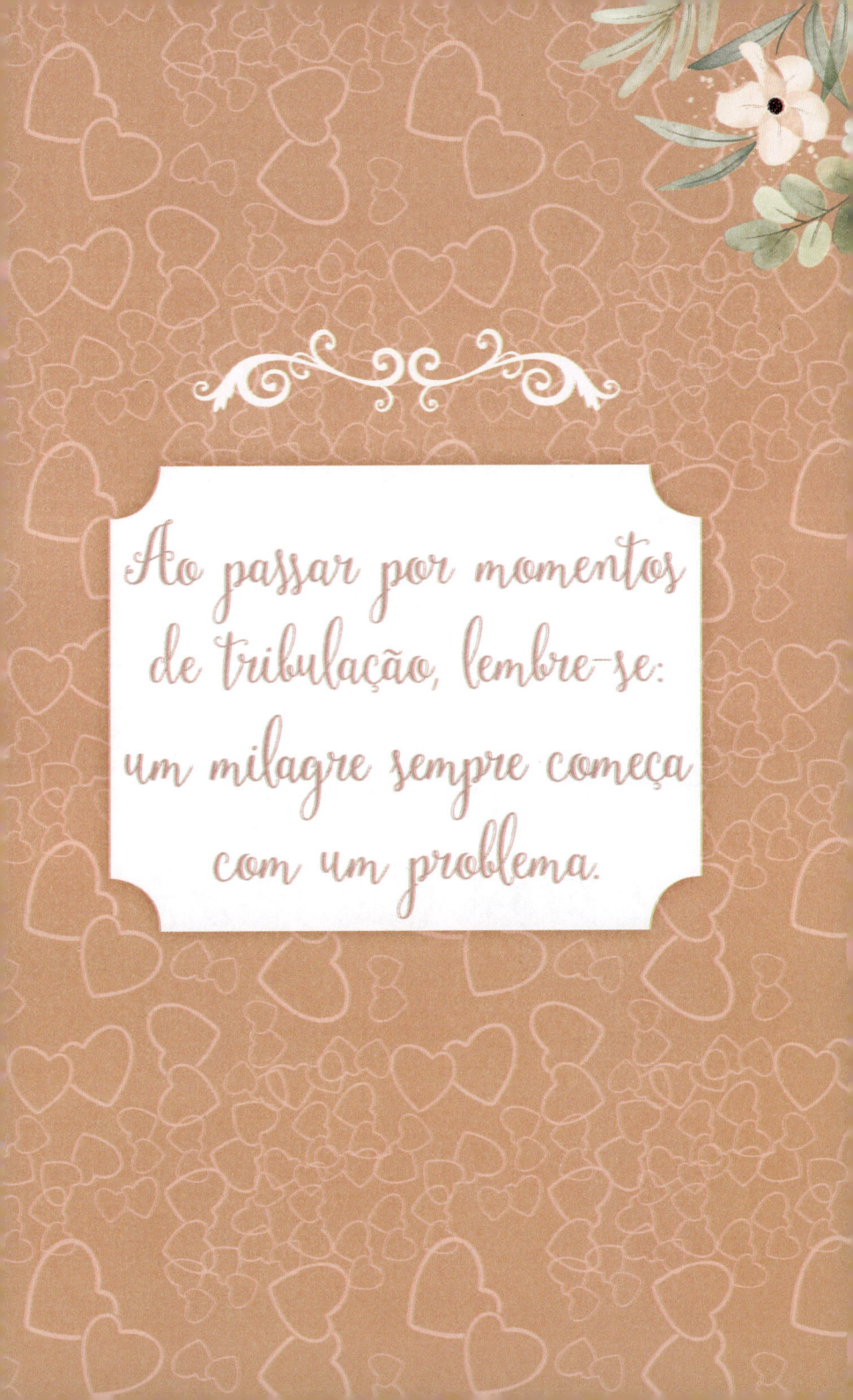

Ao passar por momentos de tribulação, lembre-se: um milagre sempre começa com um problema.

Semana abençoada

Metas da semana

-
-
-
-
-
-
-
-
-
-
-
-

Motivos de oração

-
-
-
-
-
-
-
-
-
-
-
-

Comprar

-
-
-
-
-
-
-
-

Ideias

-
-
-
-
-
-
-
-

Prepare-se para uma semana de reconhecimento

LEITURA: João 20

Fora de contexto

Então, ao virar-se para sair, viu alguém em pé. Era Jesus, mas ela não o reconheceu.
João 20:14

Na fila para o voo, alguém me cutucou. Virei-me e recebi um cumprimento caloroso. "Elisa! Você se lembra de mim? Sou a Joana!". Minha mente foi à procura das "Joanas" que eu conhecia, mas não a localizou. Será que era uma vizinha? Uma colega de trabalho? Eu não sabia. Sentindo a minha dificuldade, Joana respondeu: "Elisa, nós nos conhecemos no Ensino Médio". Surgiu uma lembrança: jogos de futebol nas noites de sexta-feira, torcida nas arquibancadas. Eu a reconheci assim que o contexto ficou claro.

Após a morte de Jesus, Maria Madalena foi ao sepulcro cedo de manhã e viu que a pedra tinha sido removida, e o corpo, desaparecido (João 20:1-2). Ela correu até Pedro e João, que a acompanharam de volta ao sepulcro vazio (vv.3,10). Mas, do lado de fora, Maria continuou sofrendo (v.11). Quando Jesus apareceu, "ela não o reconheceu" (v.14), achando que Ele fosse o jardineiro (v.15).

Como Maria não reconheceu Jesus? Seu corpo ressurreto estava tão diferente a ponto de ser difícil de reconhecê-lo? Será que a dor a impediu de reconhecer Jesus? Ou será que isso se deu porque, como eu, Jesus estava "fora do contexto", vivo no jardim em vez de estar morto no sepulcro?

De que forma nós também deixamos de reconhecer Jesus em nossos dias, — talvez durante a oração ou a leitura da Bíblia, ou simplesmente quando Ele sussurra em nosso coração?

Elisa Morgan

Abril

DOM	SEG	TER
ANIVERSARIANTES DO DIA:	ANIVERSARIANTES DO DIA:	ANIVERSARIANTES DO DIA:
manhã	manhã	manhã
tarde	tarde	tarde
noite	noite	noite

QUA	QUI	SEX	SÁB
ANIVERSARIANTES DO DIA:	ANIVERSARIANTES DO DIA:	ANIVERSARIANTES DO DIA:	ANIVERSARIANTES DO DIA:
manhã	manhã	manhã	manhã
tarde	tarde	tarde	tarde
noite	noite	noite	noite

Semana abençoada

Metas da semana

Motivos de oração

Comprar

Ideias

Prepare-se para uma semana de bondade

LEITURA: Atos 9

Atos de bondade

...discípula chamada Tabita [...] Sempre fazia o bem às pessoas e ajudava os pobres.
ATOS 9:36

"Estera, você ganhou um presente da nossa amiga Helena!", minha mãe me disse ao chegar do seu trabalho. Na minha infância, não tínhamos boas condições financeiras, e receber um presente pelo correio era como um segundo Natal. Eu me senti amada, lembrada e valorizada por Deus por meio dessa mulher maravilhosa.

As pobres viúvas para as quais Tabita (Dorcas) fizera roupas estavam se sentindo do mesmo jeito. Ela era discípula de Jesus, morava em Jope e era conhecida na comunidade pelas obras de bondade. "Sempre fazia o bem às pessoas e ajudava os pobres" (Atos 9:36). Porém, Tabita adoeceu e faleceu. Naquele momento, Pedro estava visitando uma cidade próxima, e dois cristãos o procuraram, implorando que fosse a Jope.

Quando Pedro chegou, as viúvas que tinham sido ajudadas por Tabita mostraram a ele as provas da bondade dela: "os vestidos e outras roupas que Dorcas havia feito" (v.39). Não sabemos se elas pediram que Pedro interferisse, mas, guiado pelo Espírito Santo, o apóstolo orou, e Deus a ressuscitou! Como consequência da bondade de Deus "a notícia se espalhou por toda a cidade, e muitos creram no Senhor" (v.42).

Ao sermos bondosos com aqueles que nos cercam, que eles possam voltar o pensamento a Deus e sentirem-se valorizados por Ele.

Estera Pirosca Escobar

Abril

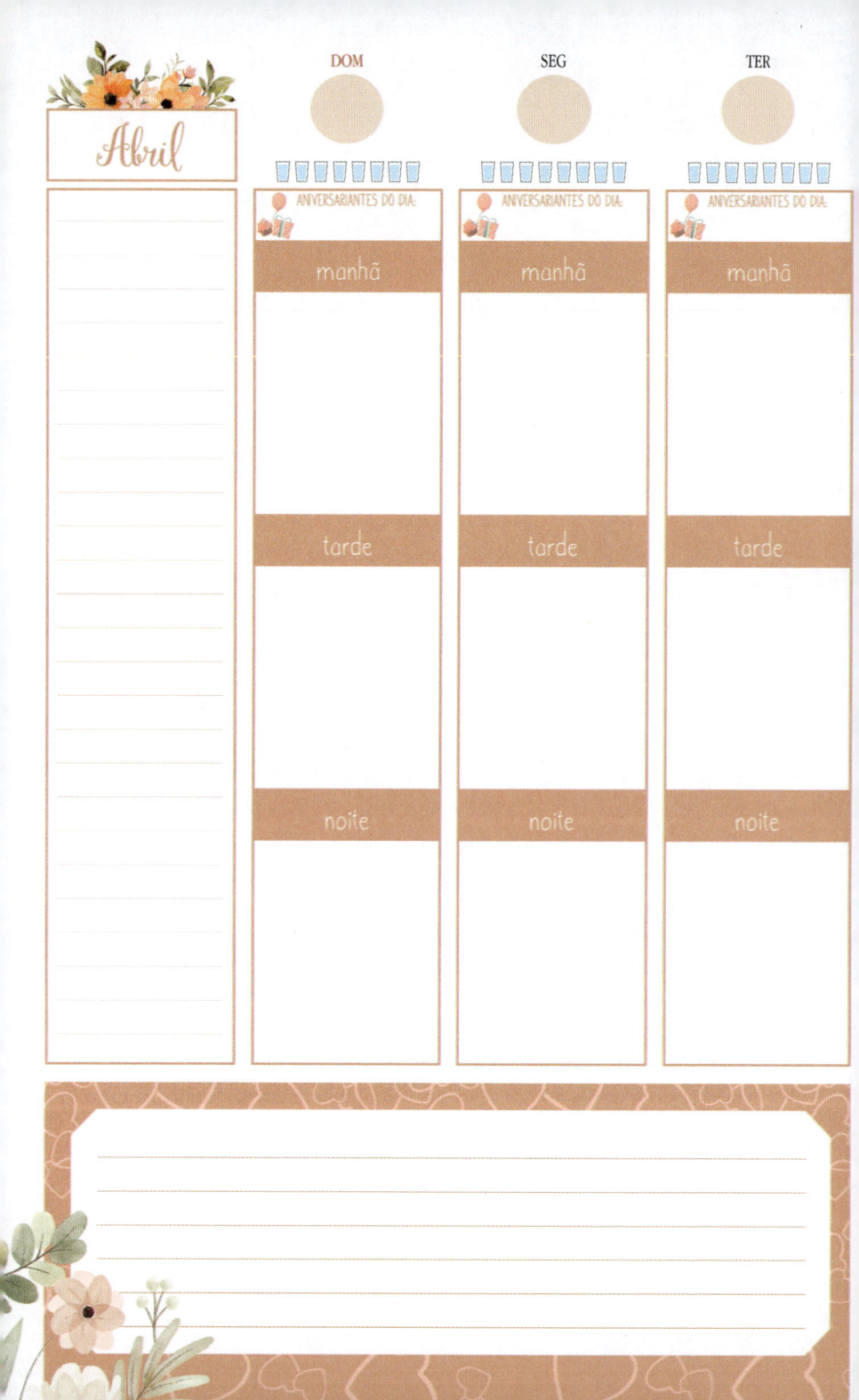

DOM	SEG	TER
ANIVERSARIANTES DO DIA:	ANIVERSARIANTES DO DIA:	ANIVERSARIANTES DO DIA:
manhã	manhã	manhã
tarde	tarde	tarde
noite	noite	noite

QUA

ANIVERSARIANTES DO DIA:

manhã

tarde

noite

QUI

ANIVERSARIANTES DO DIA:

manhã

tarde

noite

SEX

ANIVERSARIANTES DO DIA:

manhã

tarde

noite

SÁB

ANIVERSARIANTES DO DIA:

manhã

tarde

noite

Semana abençoada

Metas da semana

-
-
-
-
-
-
-
-
-
-
-
-

Motivos de oração

-
-
-
-
-
-
-
-
-
-
-
-

Comprar

-
-
-
-
-
-
-
-

Ideias

-
-
-
-
-
-
-
-

Prepare-se para uma semana de humildade

Leitura: Provérbios 15

Arquive e prossiga

> Quem dá ouvidos à crítica construtiva se sente à vontade entre os sábios.
>
> **Provérbios 15:31**

Lembro-me de um sábio conselho que um amigo locutor de rádio me deu certa vez. No início da carreira e lutando para aprender a lidar com as críticas e os elogios, ele sentiu que Deus o encorajava a arquivar ambos. Qual é a essência do que ele guardou no coração? "Aprenda o possível com as críticas e aceite os elogios. Depois arquive ambos e humildemente prossiga na graça e no poder de Deus".

Críticas e elogios despertam em nós emoções poderosas que, se deixadas sem controle, podem gerar a autoaversão ou um ego inflado. Em Provérbios, lemos sobre os benefícios do encorajamento e do conselho sábio: "boas notícias dão vigor ao corpo. Quem dá ouvidos à crítica construtiva se sente à vontade entre os sábios. Quem rejeita a disciplina prejudica a si mesmo, mas quem dá ouvidos à repreensão adquire entendimento" (15:30-32).

Quando repreendidos, que possamos optar por sermos modelados pela repreensão. E, se formos abençoados com elogios, que nos sintamos renovados e cheios de gratidão. Ao andarmos humildemente com Deus, Ele pode nos ajudar a aprender com as críticas e com os elogios, a arquivá-los e a seguir adiante com o Senhor (v.33).

Ruth O'Reilly-Smith

Abril

DOM	SEG	TER

ANIVERSARIANTES DO DIA:

manhã

tarde

noite

QUA	QUI	SEX	SÁB
ANIVERSARIANTES DO DIA:	ANIVERSARIANTES DO DIA:	ANIVERSARIANTES DO DIA:	ANIVERSARIANTES DO DIA:
manhã	manhã	manhã	manhã
tarde	tarde	tarde	tarde
noite	noite	noite	noite

Semana abençoada

Metas da semana

-
-
-
-
-
-
-
-
-
-
-
-

Motivos de oração

-
-
-
-
-
-
-
-
-
-
-
-

Comprar

-
-
-
-
-
-
-
-
-

Ideias

-
-
-
-
-
-
-
-
-

Prepare-se para uma semana de contemplação
Leitura: Salmo 104:10-24

Silenciosa reverência

Ó Senhor, que variedade de coisas criaste!
Fizeste todas elas com sabedoria; a terra está cheia das tuas criaturas.
Salmo 104:24

Minha vida muitas vezes é frenética. Saio correndo de um compromisso para o seguinte, retornando as chamadas e conferindo a lista de tarefas no caminho. Um domingo, completamente exausta, desmoronei na rede do jardim. Meu celular estava dentro de casa; meu marido e meus filhos, também. Eu tinha planejado me sentar lá por um momento, mas comecei anotar coisas que me convidavam a me demorar mais. Pude ouvir o ruído do vai-e-vem da rede, o zumbido de uma abelha numa flor próxima e as batidas das asas de um pássaro. O céu estava azul, e as nuvens se moviam com o vento.

Comovi-me e chorei em reação a tudo o que Deus criou. Quando consegui assimilar tanta coisa maravilhosa com a visão e a audição fui tocada para louvar o poder criativo de Deus. O autor do Salmo estava igualmente quebrantado pela obra das mãos do Criador, percebendo que Deus "enche a terra com o fruto do [seu] trabalho" (**Salmo 104:13**).

Em meio a uma vida de preocupações, um momento de tranquilidade pode nos lembrar da força criativa de Deus! Ele nos cerca com provas do Seu poder e ternura; Ele criou tanto as altas montanhas quanto os galhos para os pássaros. "Fizeste todas elas com sabedoria…" (v.24).

Kirsten Holmberg

Abril

DOM	SEG	TER
ANIVERSARIANTES DO DIA:	ANIVERSARIANTES DO DIA:	ANIVERSARIANTES DO DIA:
manhã	manhã	manhã
tarde	tarde	tarde
noite	noite	noite

QUA	QUI	SEX	SÁB
ANIVERSARIANTES DO DIA:	ANIVERSARIANTES DO DIA:	ANIVERSARIANTES DO DIA:	ANIVERSARIANTES DO DIA:
manhã	manhã	manhã	manhã
tarde	tarde	tarde	tarde
noite	noite	noite	noite

Semana abençoada

Metas da semana

-
-
-
-
-
-
-
-
-
-
-
-
-
-

Motivos de oração

-
-
-
-
-
-
-
-
-
-
-
-
-
-

Comprar

-
-
-
-
-
-
-
-
-

Ideias

-
-
-
-
-
-
-
-
-

Prepare-se para uma semana de comunhão
LEITURA: Lucas 24

O espírito da Fika

*Quando estavam à mesa, ele tomou o pão e o abençoou.
Depois, partiu-o e lhes deu.*
LUCAS 24:30

A cafeteria da cidade perto da minha casa se chama *Fika*. É uma palavra sueca que significa fazer uma pausa com café e bolo, sempre na companhia da família, de colegas de trabalhos ou amigos. Eu não sou sueca, mas o espírito da *fika* descreve o que eu mais amo em Jesus: Sua prática de tomar o pão para comer e relaxar com os outros.

Os estudiosos dizem que as refeições de Jesus não eram aleatórias. O teólogo Mark Glanville as chama de "o segundo prato principal" das festividades e celebrações de Israel no Antigo Testamento. À mesa, Jesus vivia o que Deus havia planejado para Israel: "um centro de alegria, celebração e justiça para o mundo inteiro".

Desde alimentar 5.000 pessoas à Última Ceia e até à refeição com dois cristãos após ter ressuscitado (v.30) —, o ministério de "mesa" de Jesus nos convida a fazer uma pausa em nossos constantes esforços e permanecer nele. De fato, os dois cristãos só o reconheceram como o Senhor ressurreto depois de comer com Ele: "…ele tomou o pão e o abençoou. Depois, partiu-o e lhes deu. Então os olhos deles foram abertos…" (vv.30-31) para o Cristo vivo.

Sentada com uma amiga recentemente na *Fika*, tomando um chocolate quente com pãezinhos, vimo-nos falando de Jesus. Ele é o Pão da Vida. Que nos demoremos à Sua mesa e encontremos mais dele.

Patrícia Raybon

Abril

DOM	SEG	TER

ANIVERSARIANTES DO DIA:

manhã

tarde

noite

QUA	QUI	SEX	SÁB
ANIVERSARIANTES DO DIA:	ANIVERSARIANTES DO DIA:	ANIVERSARIANTES DO DIA:	ANIVERSARIANTES DO DIA:
manhã	manhã	manhã	manhã
tarde	tarde	tarde	tarde
noite	noite	noite	noite

Semana abençoada

Metas da semana

-
-
-
-
-
-
-
-
-
-
-
-

Motivos de oração

-
-
-
-
-
-
-
-
-
-
-
-

Comprar

-
-
-
-
-
-
-
-

Ideias

-
-
-
-
-
-
-
-

Prepare-se para uma semana de louvor
LEITURA: Salmo 8

Dos lábios dos bebês

Dos lábios das crianças e dos recém-nascidos firmaste o teu nome como fortaleza...
SALMO 8:2

Depois de ver Vivian, de 10 anos, usar um galho como microfone para imitar um pregador, Michele decidiu lhe dar a chance de "pregar" em sua vila no Sudão. Vivian aceitou, e a missionária Michele escreveu: "A multidão ficou em êxtase. [...] Uma menininha que fora abandonada se levantara diante de todos com a autoridade de uma filha do Rei, compartilhando poderosamente a realidade do reino de Deus. Muitas pessoas foram à frente para receber Jesus como salvador pessoal" (Michele Perry, *Love Has a Face*, O amor tem um rosto).

Naquele dia, as pessoas não esperavam a pregação de uma criança. O incidente me traz à mente a frase "dos lábios das crianças", extraída do Salmo 8. Davi escreveu:

"Dos lábios das crianças e dos recém-nascidos firmaste o teu nome como fortaleza, por causa dos teus adversários" (v.2). Jesus mais tarde citou esse versículo em Mateus 21:16, após os sacerdotes e escribas criticarem as crianças que louvavam a Jesus no Templo de Jerusalém. As crianças eram um incômodo para esses líderes. Citando essa passagem das Escrituras, Jesus demonstrou que Deus levava a sério o louvor das crianças. Elas faziam o que os líderes não estavam dispostos a fazer: glorificar o tão esperado Messias.

Como Vivian e as crianças no Templo mostraram, Deus pode usar até uma criança para glorificá-lo. Do coração delas, corre uma fonte de louvor.

Linda Washington

Abril

DOM	SEG	TER

ANIVERSARIANTES DO DIA:

manhã

tarde

noite

QUA	QUI	SEX	SÁB

ANIVERSARIANTES DO DIA:

manhã | **manhã** | **manhã** | **manhã**

tarde | **tarde** | **tarde** | **tarde**

noite | **noite** | **noite** | **noite**

Planejamento maio

	DOM	SEG	TER

Como é precioso o teu amor, ó Deus! Toda a humanidade encontra abrigo à sombra de tuas asas. —Salmo 36:7

Planejamento maio

QUA	QUI	SEX	SÁB

Abrir mão dos nossos bens terrenos nos capacita a nos apegarmos ao tesouro celestial.

Objetivos para maio

Deus não deseja
que você entenda.
Ele quer que
você confie.

Semana abençoada

Metas da semana

-
-
-
-
-
-
-
-
-
-
-
-
-
-

Motivos de oração

-
-
-
-
-
-
-
-
-
-
-
-
-
-

Comprar

-
-
-
-
-
-
-
-

Ideias

-
-
-
-
-
-
-
-

Prepare-se para uma semana de sabedoria
Leitura: Provérbios 3

Procurando o tesouro

Pois a sabedoria dá mais lucro que a prata e rende mais que o ouro.
Provérbios 3:14

Tesouro enterrado; parece algo extraído de um livro infantil. Mas o excêntrico milionário Forrest Fenn afirma ter um baú de joias e ouro avaliado em mais de dois milhões de dólares em algum lugar nas montanhas. Muitas pessoas já saíram à procura desse baú. Na realidade, quatro pessoas já perderam a vida tentando encontrar essas riquezas escondidas.

O autor de Provérbios nos dá motivos para pensar: Será que há um tesouro que mereça tal busca? Em Provérbios 4, um pai escrevendo aos filhos sobre como viver bem, sugere que a sabedoria é algo que merece ser buscado a qualquer custo (v.7). A sabedoria, segundo ele, nos conduzirá pela vida, impedindo que tropecemos, e nos coroará com honra (vv.8-12). Escrevendo centenas de anos depois, Tiago, um dos discípulos de Jesus, também enfatizou a importância da sabedoria: "a sabedoria que vem do alto é, antes de tudo, pura. Também é pacífica, sempre amável e disposta a ceder a outros. É cheia de misericórdia e é o fruto de boas obras. Não mostra favoritismo e é sempre sincera" (Tiago 3:17). Quando a buscamos, achamos todos os tipos de coisas boas florescendo em nossa vida.

Por fim, buscar sabedoria é buscar a Deus, a fonte de toda a sabedoria e entendimento. E a sabedoria que vem do alto vale mais do que qualquer tesouro escondido que possamos imaginar.

Amy Peterson

Maio

DOM	SEG	TER

ANIVERSARIANTES DO DIA:

manhã

tarde

noite

ANIVERSARIANTES DO DIA:

manhã

tarde

noite

ANIVERSARIANTES DO DIA:

manhã

tarde

noite

QUA	QUI	SEX	SÁB
ANIVERSARIANTES DO DIA:	ANIVERSARIANTES DO DIA:	ANIVERSARIANTES DO DIA:	ANIVERSARIANTES DO DIA:
manhã	manhã	manhã	manhã
tarde	tarde	tarde	tarde
noite	noite	noite	noite

Semana abençoada

Metas da semana

Motivos de oração

Comprar

Ideias

Prepare-se para uma semana de renúncia

Leitura: Marcos 10:17-31

O retorno dos investimentos

Deixamos tudo para segui-lo.
Marcos 10:28

Em 1995, os investidores da bolsa norte-americana tiveram um recorde de lucros: em média, 37,6%. Depois, em 2008, quase perderam a mesma porcentagem: negativos 37%. Durante esse período de 13 anos, os lucros variaram, levando quem tinha dinheiro aplicado a imaginar o que aconteceria com o seu investimento.

Jesus garantiu aos Seus seguidores que teriam um retorno incrível ao investirem sua vida nele. Eles deixaram tudo para segui-lo — a casa, o emprego, o status e a família —, aplicando a própria vida como investimento (v.28). Mas, depois de ver um rico lidando com o poder que as riquezas exercem sobre ele, questionaram se esse investimento geraria frutos. Jesus respondeu que qualquer um disposto a sacrificar-se por Ele receberia "em troca, neste mundo, cem vezes mais […] e, no mundo futuro […] a vida eterna" (v.30). Esse é um resultado muito melhor do que qualquer mercado financeiro jamais proporcionaria.

Não temos de nos preocupar com a "taxa de juros" dos nossos investimentos espirituais — com Deus, o lucro é incomparável. Com dinheiro, queremos o lucro máximo. Com Deus, o que recebemos não se mede monetariamente, mas em alegria por conhecê-lo hoje e sempre e poder compartilhar isso com os outros!

Kirsten Holmberg

Maio

DOM	SEG	TER

ANIVERSARIANTES DO DIA:

manhã

tarde

noite

QUA	QUI	SEX	SÁB
ANIVERSARIANTES DO DIA:	ANIVERSARIANTES DO DIA:	ANIVERSARIANTES DO DIA:	ANIVERSARIANTES DO DIA:
manhã	manhã	manhã	manhã
tarde	tarde	tarde	tarde
noite	noite	noite	noite

Semana abençoada

Metas da semana

-
-
-
-
-
-
-
-
-
-
-
-
-
-

Motivos de oração

-
-
-
-
-
-
-
-
-
-
-
-
-
-

Comprar

-
-
-
-
-
-
-
-
-

Ideias

-
-
-
-
-
-
-
-
-

Prepare-se para uma semana de desaceleração

Leitura: 1 Reis 19:9-13

Fugindo dos ruídos extras

E, depois do fogo, veio um suave sussurro.
1 Reis 19:12

Há alguns anos, numa noite específica, a reitora de uma faculdade sugeriu que os alunos fizessem uma "desaceleração". Mesmo concordando, eles relutaram em deixar o celular de lado ao entrar na capela. Durante uma hora, sentaram-se em silêncio num culto de louvor e oração. Posteriormente, um participante descreveu a experiência como "uma oportunidade maravilhosa de se acalmar [...] uma ocasião de se desligar de todo barulho extra".

Às vezes, é difícil fugir do "ruído extra". O clamor do mundo interior e exterior pode ser ensurdecedor. Mas, quando estamos dispostos a "desacelerar", entendemos o lembrete do salmista sobre a necessidade de nos aquietarmos para saber quem é Deus (Salmo 46:10). Em 1 Reis 19, descobrimos que, quando o profeta Elias buscou o Senhor, não o encontrou no caos do vento nem no terremoto nem no fogo (vv.9-13). Elias ouviu o suave sussurro de Deus (v.12).

Os ruídos extras fazem parte praticamente de todas as comemorações. Quando famílias e amigos se reúnem, é provável que haja conversas animadas, comida em excesso, riso barulhento e doces expressões de amor. Mas quando abrimos silenciosamente o coração, descobrimos que o tempo com Deus é ainda mais doce. Como Elias, somos mais propensos a encontrar Deus na quietude. E, às vezes, se estivermos atentos, também ouviremos esse sussurro suave.

Cindy Hess Kasper

Maio

DOM	SEG	TER

ANIVERSARIANTES DO DIA:

manhã

tarde

noite

QUA	QUI	SEX	SÁB

ANIVERSARIANTES DO DIA:

manhã

tarde

noite

Semana abençoada

Metas da semana

Motivos de oração

Comprar

Ideias

Prepare-se para uma semana de hospitalidade
Leitura: Deuteronômio 10

Acolhendo estrangeiros

> ...amem também os estrangeiros, pois, em outros tempos, vocês foram estrangeiros na terra do Egito.
>
> Deuteronômio 10:19

Quando os meus amigos moraram na Moldávia, um dos países mais pobres da Europa, eles ficaram impressionados com a recepção calorosa que tiveram, especialmente por parte dos cristãos do local. Uma vez, levaram algumas provisões para um casal pobre da igreja que abrigava diversas crianças. O casal os tratou como hóspedes de honra, dando-lhes chá e algo para comer. Saíram dali maravilhados com a hospitalidade e levando os presentes de frutas e legumes.

Esses cristãos praticam a hospitalidade ordenada por Deus que instruiu o Seu povo a viver "de maneira agradável a ele e que ame e sirva o Senhor, seu Deus, de todo o coração e de toda a alma" (v.12). Como os israelitas conseguiram praticar essa ordenança? Lemos a resposta alguns versículos depois: "amem também os estrangeiros, pois, em outros tempos, vocês foram estrangeiros na terra do Egito" (v.19). Ao acolhê-los, serviam e honravam a Deus; e estendendo-lhes amor e cuidado, demonstravam a confiança no Senhor.

Nossas circunstâncias podem ser diferentes da dos moldávios ou dos israelitas, mas também podemos demonstrar o amor de Deus por meio da nossa hospitalidade. Abrindo o nosso lar ou cumprimentando com um sorriso, podemos estender o cuidado e a hospitalidade de Deus a um mundo solitário e ferido.

Amy Boucher Pye

Maio

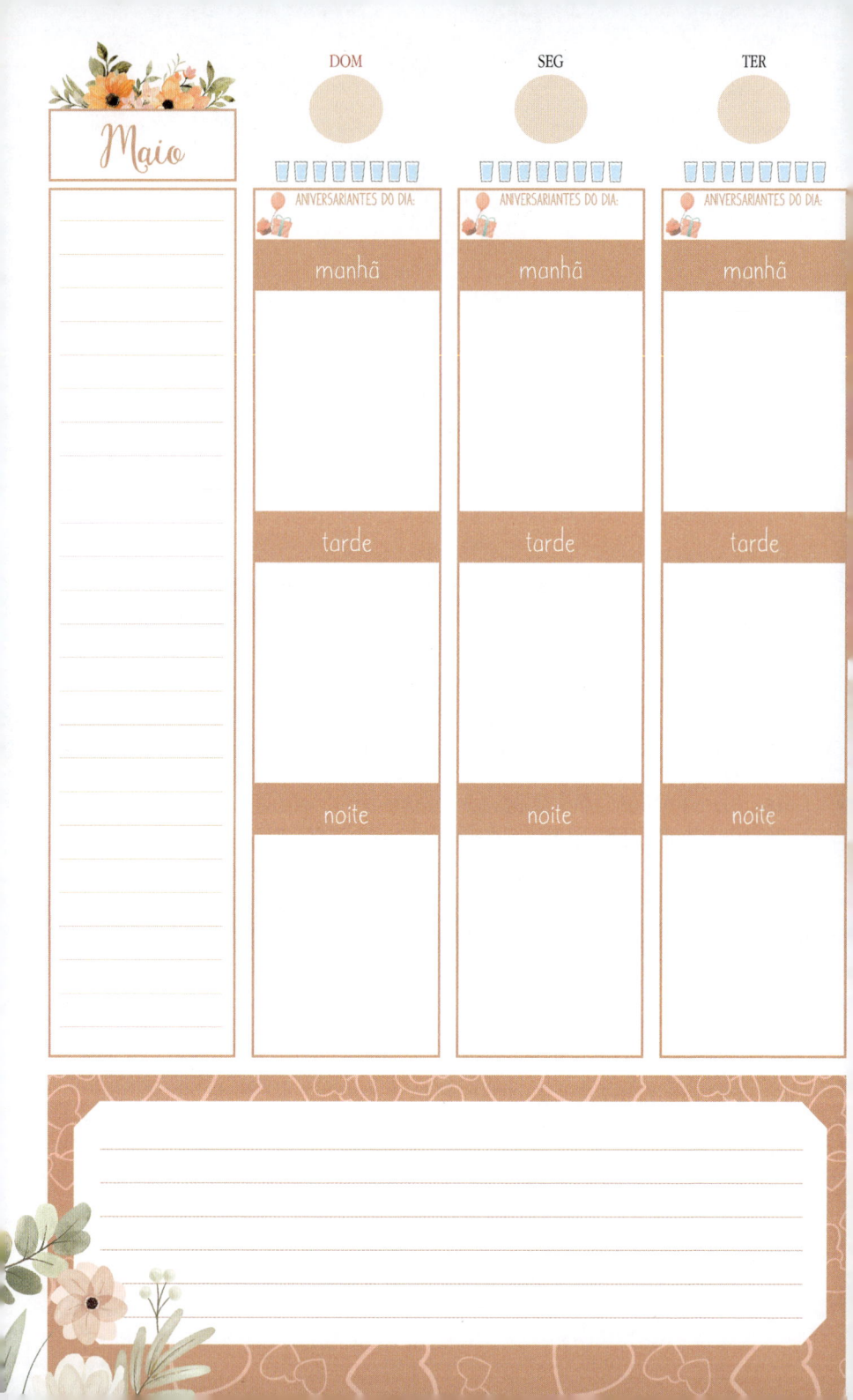

DOM	SEG	TER

ANIVERSARIANTES DO DIA:

manhã

tarde

noite

ANIVERSARIANTES DO DIA:

manhã

tarde

noite

ANIVERSARIANTES DO DIA:

manhã

tarde

noite

QUA	QUI	SEX	SÁB
ANIVERSARIANTES DO DIA:	**ANIVERSARIANTES DO DIA:**	**ANIVERSARIANTES DO DIA:**	**ANIVERSARIANTES DO DIA:**
manhã	manhã	manhã	manhã
tarde	tarde	tarde	tarde
noite	noite	noite	noite

Semana abençoada

Metas da semana

Motivos de oração

Comprar

Ideias

Prepare-se para uma semana de purificação
LEITURA: Isaías 44

Afastados

Afastei seus pecados para longe como uma nuvem; dispersei suas maldades como a névoa da manhã.
Isaías 44:22

Em 1770, a casca do pão era usada para apagar marcas no papel. Pegando um pedaço de borracha de látex por engano, o engenheiro Edward Nairne descobriu que esse material apagava, deixando "partículas" que eram facilmente afastadas com a mão.

No nosso caso, os piores erros da nossa vida também podem ser afastados. É o Senhor — o Pão da Vida — que os limpa com a sua própria vida, prometendo nunca se lembrar dos nossos pecados: "Eu, somente eu, por minha própria causa, apagarei seus pecados e nunca mais voltarei a pensar neles" (Isaías 43:25).

Isso pode parecer ser um reparo extraordinário — e não merecido. Para muitos, é difícil acreditar que os nossos pecados do passado possam ser dispersos por Deus "como a névoa da manhã". Será que Deus, que conhece todas as coisas, pode esquecê-los tão facilmente?

É exatamente o que Deus faz quando aceitamos Jesus como nosso Salvador. Escolhendo perdoar os nossos pecados e nunca mais voltar a pensar neles, nosso Pai celestial nos libera para prosseguirmos. Não mais afastados pelos erros do passado, somos livres dos resíduos e purificados para servir hoje e para sempre.

Sim, as consequências podem permanecer. Mas Deus afasta o pecado, convidando-nos a buscar nele uma nova vida purificada. Não existe forma melhor de ser purificado.

Patrícia Raybon

Maio

DOM	SEG	TER
ANIVERSARIANTES DO DIA:	ANIVERSARIANTES DO DIA:	ANIVERSARIANTES DO DIA:
manhã	manhã	manhã
tarde	tarde	tarde
noite	noite	noite

QUA	QUI	SEX	SÁB
ANIVERSARIANTES DO DIA:	ANIVERSARIANTES DO DIA:	ANIVERSARIANTES DO DIA:	ANIVERSARIANTES DO DIA:
manhã	manhã	manhã	manhã
tarde	tarde	tarde	tarde
noite	noite	noite	noite

Semana abençoada

Metas da semana

-
-
-
-
-
-
-
-
-
-
-
-

Motivos de oração

-
-
-
-
-
-
-
-
-
-
-
-

Comprar

-
-
-
-
-
-
-
-

Ideias

-
-
-
-
-
-
-
-

Prepare-se para uma semana de alegria improvável
LEITURA: Habacuque 3

Alegria em lugares difíceis

Mesmo assim me alegrarei no Senhor, exultarei no Deus de minha salvação!
HABACUQUE 3:18

A mensagem de voz da minha amiga terminava com: "Faça o seu dia ser bom!". Ao refletir sobre suas palavras, percebi que não temos o poder de tornar o nosso dia sempre "bom" — algumas circunstâncias são devastadoras. Mas um olhar cauteloso pode revelar algo belo no meu dia, mesmo que as coisas estejam ruins.

Habacuque não passava por circunstâncias fáceis. Deus lhe havia mostrado dias em que nenhuma das colheitas nem dos rebanhos, dos quais o povo dependia, seria produtivo (HABACUQUE 3:17). Seria preciso mais do que simples otimismo para suportar as dificuldades que viriam. Israel viveria extrema pobreza, e Habacuque provava o medo que faz o coração palpitar, os lábios estremecerem e as pernas tremerem (v.16). Mas ele afirmou que se alegraria e exultaria "no SENHOR" (v.18). Assim, ele proclamou a sua esperança no Deus que provê a força para caminharmos em lugares difíceis (v.19).

No livro de Isaías 41:13 Deus nos encoraja: "Pois eu o seguro pela mão direita, eu, o SENHOR, seu Deus, e lhe digo: 'Não tenha medo, estou aqui para ajudá-lo." Quando a vida se torna assustadora, Deus está conosco, podemos segurar Suas fortes mãos.

Às vezes, passamos por fases de dor profunda e dificuldades. Mas não importa o que perdemos, desejamos e nunca tivemos. Como Habacuque, podemos alegrar-nos em nosso relacionamento com o Deus de amor. Mesmo quando parece que nada mais nos resta, Ele nunca falhará nem nos abandonará (HEBREUS 13:5). Aquele que cuida de "todos que choram" é o maior motivo da nossa alegria (ISAÍAS 61:3).

Kirsten Holmberg

Maio

	DOM	SEG	TER

ANIVERSARIANTES DO DIA:

manhã

tarde

noite

QUA	QUI	SEX	SÁB
ANIVERSARIANTES DO DIA:	ANIVERSARIANTES DO DIA:	ANIVERSARIANTES DO DIA:	ANIVERSARIANTES DO DIA:
manhã	manhã	manhã	manhã
tarde	tarde	tarde	tarde
noite	noite	noite	noite

Planejamento junho

DOM	SEG	TER

Durante o dia, porém, o SENHOR me derrama seu amor, e à noite entoo seus cânticos e faço orações ao Deus que me dá vida. –SALMO 42:8

Planejamento junho

QUA	QUI	SEX	SÁB
♡	♡	♡	♡
♡	♡	♡	♡
♡	♡	♡	♡
♡	♡	♡	♡
♡	♡	♡	♡
♡	♡	♡	♡

Se Jesus também precisava orar, como podemos nós viver sem a oração?

Objetivos para junho

Mesmo sendo difícil, encare as tempestades que Deus envia. Sem chuva nada cresce.

Semana abençoada

Metas da semana

Motivos de oração

Comprar

Ideias

Prepare-se para uma semana de louvor

Leitura: Salmo 30

Do pranto à adoração

Transformaste meu pranto em dança; [...] me vestiste de alegria.
Salmo 30:11

Kelly começou a lutar contra o câncer de mama em 2013. Quatro dias após o fim do tratamento, os médicos a diagnosticaram com uma doença progressiva nos pulmões e lhe deram de três a cinco anos de vida. No primeiro ano, ela chorava em oração diante de Deus. Quando a conheci em 2015, Kelly havia entregado seu problema a Deus e irradiava alegria e paz. Alguns dias ainda são difíceis, porém Deus continua a transformar o sofrimento dela num testemunho de louvor e esperança.

Mesmo em situações graves, Deus pode transformar nosso pranto em dança. Embora a Sua cura nem sempre pareça o que esperamos, podemos confiar nos caminhos do Senhor (Salmo 30:1-3). Não importa o quanto o nosso caminho seja marcado por lágrimas, temos inúmeros motivos para louvá-lo (v.4). Podemos ter alegria em Deus, à medida que Ele firma nossa fé (vv.5-7). Podemos clamar por Sua misericórdia (vv.8-10), celebrando a esperança que Ele concedeu a tantos adoradores chorosos. Apenas Deus pode transformar o pranto desesperado em vibrante alegria que independe das circunstâncias (vv.11-12).

Nosso Deus nos consola na tristeza, nos envolve em paz e nos capacita a estender a compaixão a outros e a nós mesmos. Nosso Senhor amoroso e fiel pode e vai transformar nosso pranto em louvor que produz confiança profunda, glorificação e talvez até a alegre dança.

Xochitl Dixon

Junho

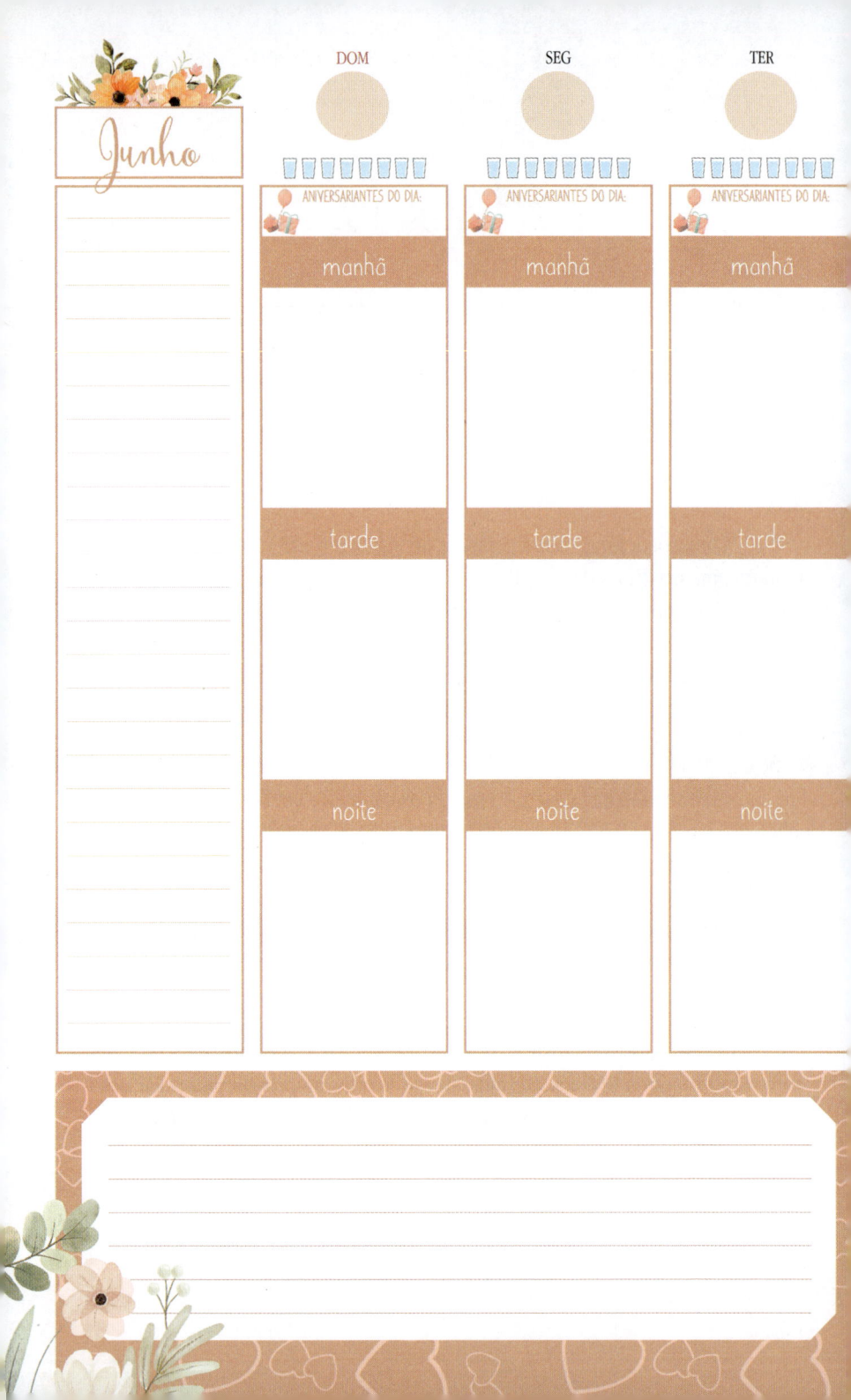

DOM	SEG	TER
ANIVERSARIANTES DO DIA:	ANIVERSARIANTES DO DIA:	ANIVERSARIANTES DO DIA:
manhã	manhã	manhã
tarde	tarde	tarde
noite	noite	noite

QUA	QUI	SEX	SÁB
ANIVERSARIANTES DO DIA:	ANIVERSARIANTES DO DIA:	ANIVERSARIANTES DO DIA:	ANIVERSARIANTES DO DIA:
manhã	manhã	manhã	manhã
tarde	tarde	tarde	tarde
noite	noite	noite	noite

Semana abençoada

Metas da semana

Motivos de oração

Comprar

Ideias

Prepare-se para uma semana de fé

Leitura: 2 Coríntios 4

Obscurecido pelas nuvens

...não olhamos para aquilo que agora podemos ver; em vez disso [...] naquilo que não se pode ver.

2 Coríntios 4:18

A superlua rara apareceu em novembro de 2016: a Lua em sua órbita alcançou o ponto mais próximo da Terra nos últimos 60 anos e pareceu maior e mais brilhante do que das outras vezes. Mas, para mim, o céu estava nublado e cinzento naquele dia. Vi fotos lindas dessa maravilha que os meus amigos tiraram de outros lugares e precisei acreditar que a superlua estava escondida atrás das nuvens.

Paulo aconselhou que diante das dificuldades a igreja de Corinto acreditasse no que não se pode ver, mas que durará para sempre. Ele falou sobre como as "aflições pequenas e momentâneas" atingem uma "glória que durará para sempre" (v.17). Logo, eles poderiam fixar os olhos não no "que agora podemos ver", mas "naquilo que não se pode ver", porque o invisível é eterno (v.18). Paulo ansiava por ver a fé dos coríntios e a nossa crescer e que, apesar dos sofrimentos, também confiássemos em Deus. Talvez, não sejamos capazes de vê-lo, mas podemos crer que o Senhor nos renova dia a dia (v.16).

Naquela noite, meditei sobre como Deus é invisível, mas eterno, quando contemplei as nuvens no céu sabendo que a superlua estava escondida, porém ela estava lá no céus. E desejei que, da próxima vez em que eu estivesse propensa a crer que Deus está longe de mim, fixaria os meus olhos no que é invisível.

Amy Boucher Pye

Junho

DOM	SEG	TER
ANIVERSARIANTES DO DIA:	ANIVERSARIANTES DO DIA:	ANIVERSARIANTES DO DIA:
manhã	manhã	manhã
tarde	tarde	tarde
noite	noite	noite

QUA	QUI	SEX	SÁB

ANIVERSARIANTES DO DIA:

manhã

tarde

noite

Semana abençoada

Metas da semana

Motivos de oração

Comprar

Ideias

Prepare-se para uma semana de diligência
LEITURA: Colossenses 3

Lembrando meu pai

Em tudo que fizerem, trabalhem de bom ânimo, como se fosse para o Senhor...
COLOSSENSES 3:23

Quando lembro do meu pai, imagino-o martelando, fazendo jardinagem ou trabalhando em sua oficina bagunçada, cheia de ferramentas fascinantes e acessórios. As mãos dele estavam sempre ocupadas numa tarefa ou projeto, às vezes serrando, às vezes projetando joias ou vitrais.

Lembrar-me do meu pai me incita a pensar no meu Pai celestial e Criador, que sempre está ocupado. No início, Deus lançou "os alicerces do mundo [...] enquanto as estrelas da manhã cantavam juntas, e os anjos davam gritos de alegria" (Jó 38:4-7). Tudo o que Ele criava era uma obra de arte, uma obra-prima. Ele projetou um mundo lindíssimo e viu que era "muito bom" (GÊNESIS 1:31).

Isso inclui você e eu. Deus nos projetou com detalhes íntimos e complexos (SALMO 139:13-16); e confiou a nós (criados à Sua imagem) o propósito e o desejo de trabalhar, o que inclui dominar e cuidar da Terra e de suas criaturas (GÊNESIS 1:26-28; 2:15). Não importa o trabalho que façamos, em nosso emprego ou no lazer, Deus nos capacita e nos dá o que precisamos para trabalhar de todo o coração para Ele.

Em tudo o que fizermos, que o façamos para agradar a Deus.

Alyson Kieda

Junho

DOM	SEG	TER

ANIVERSARIANTES DO DIA:

manhã

tarde

noite

QUA	QUI	SEX	SÁB
ANIVERSARIANTES DO DIA:	ANIVERSARIANTES DO DIA:	ANIVERSARIANTES DO DIA:	ANIVERSARIANTES DO DIA:
manhã	manhã	manhã	manhã
tarde	tarde	tarde	tarde
noite	noite	noite	noite

Semana abençoada

Metas da semana

Motivos de oração

Comprar

Ideias

Prepare-se para uma semana de acolhimento

Leitura: Salmo 125

Cercados por Deus

Assim como os montes cercam Jerusalém,
o Senhor se põe ao redor de seu povo, agora e para sempre.
Salmo 125:2

Num aeroporto lotado, uma jovem mãe se virava sozinha. Seu filhinho fazia birra: gritando, chutando e se recusando a embarcar. Grávida, a jovem mãe sobrecarregada desistiu, abaixou-se no chão, frustrada, e cobrindo o rosto começou a soluçar.

De repente, seis ou sete mulheres, todas estranhas, formaram um círculo ao redor da jovem e de seu filho — compartilhando salgadinhos, água, abraços carinhosos e até canções de ninar. Esse círculo de amor acalmou a mãe e a criança, que, em seguida, embarcaram. As outras mulheres voltaram aos seus lugares sem precisar falar sobre o que tinham feito, mas sabendo que o apoio que haviam dado tinha fortalecido uma jovem mãe exatamente no momento em que ela mais precisou.

Isso ilustra uma bela verdade do Salmo 125: "Assim como os montes cercam Jerusalém, o Senhor se põe ao redor de seu povo". A imagem nos relembra de como a cidade agitada de Jerusalém é, na verdade, ladeada por montes que as circundam, dentre eles, o monte das Oliveiras, o monte Sião e o monte Moriá.

Da mesma forma, Deus cerca o Seu povo — sustentando e protegendo a nossa alma "agora e para sempre". Assim sendo, em dias difíceis, olhe para cima, "para os montes" como fala o salmista (121:1). Deus nos espera com a oferta de forte ajuda, esperança inabalável e amor eterno.

Patrícia Raybon

Junho

DOM	SEG	TER

ANIVERSARIANTES DO DIA:

manhã

tarde

noite

QUA	QUI	SEX	SÁB

ANIVERSARIANTES DO DIA:

manhã	manhã	manhã	manhã
tarde	tarde	tarde	tarde
noite	noite	noite	noite

Semana abençoada

Metas da semana

-
-
-
-
-
-
-
-
-
-
-

Motivos de oração

-
-
-
-
-
-
-
-
-
-
-

Comprar

-
-
-
-
-
-
-
-

Ideias

-
-
-
-
-
-
-
-

> **Prepare-se para uma semana de reflexão**
> LEITURA: Hebreus 1

Criador e Sustentador

O Filho irradia a glória de Deus [...] com sua palavra poderosa, sustenta todas as coisas...

HEBREUS 1:3

Trabalhando com vidro e pinças, o relojoeiro suíço Phillipe me explicou como ele separa, limpa e remonta as peças minúsculas dos relógios mecânicos especiais. Olhando todas as peças complexas, Phillipe me mostrou o componente essencial do relógio: a mola principal, responsável por mover todas as engrenagens que fazem o relógio marcar o tempo. Sem ela, nem o relógio mais magistralmente projetado funcionará.

Na passagem de Hebreus, o escritor louva a Jesus por ser aquele por meio de quem Deus criou os Céus e a Terra. Como a complexidade do relógio especial, cada detalhe do nosso Universo foi criado por Jesus (v.2). Da vastidão do sistema solar à singularidade das nossas digitais, todas as coisas foram feitas por Ele.

Mais do que o Criador, Jesus, como a mola principal do relógio, é essencial para o funcionamento e o sucesso da criação. Sua presença "com sua palavra poderosa, sustenta todas as coisas" (v.3), mantendo tudo funcionando em conjunto em sua complexidade impressionante.

Ao ter a oportunidade de provar a beleza da criação hoje, lembre-se de que Ele "mantém tudo em harmonia" (COLOSSENSES 1:17). Que o reconhecimento do papel vital de Jesus em criar e sustentar o Universo resulte num coração alegre e numa resposta de louvor à Sua contínua provisão por nós.

Lisa Samra

Junho

DOM	SEG	TER

ANIVERSARIANTES DO DIA:

manhã

tarde

noite

QUA

ANIVERSARIANTES DO DIA:

manhã

tarde

noite

QUI

ANIVERSARIANTES DO DIA:

manhã

tarde

noite

SEX

ANIVERSARIANTES DO DIA:

manhã

tarde

noite

SÁB

ANIVERSARIANTES DO DIA:

manhã

tarde

noite

Semana abençoada

Metas da semana

Motivos de oração

Comprar

Ideias

Prepare-se para uma semana de investimento em Deus

Leitura: João 1

O maior presente

> ...Encontramos [...] Jesus de Nazaré, filho de José.
> João 1:45

Depois de lhe contar que eu havia recebido Jesus como Salvador, minha amiga Bárbara me deu o maior presente de todos: minha primeira Bíblia. Ela disse: "Você pode se achegar a Deus e amadurecer espiritualmente encontrando-se com Ele todos os dias, lendo as Escrituras, orando, confiando e obedecendo-o". Minha vida mudou quando ela me sugeriu que conhecesse melhor a Deus em Sua Palavra.

Ela me lembra de Filipe. Depois de Jesus o convidar para segui-lo (João 1:43), o apóstolo imediatamente disse ao seu amigo Natanael que Jesus era "aquele sobre quem Moisés, na lei, e os profetas escreveram" (v.45). Quando Natanael duvidou, Filipe não discutiu, não o criticou nem desistiu do amigo. Simplesmente o convidou para conhecer Jesus face a face: "Venha e veja você mesmo" (v.46).

Imagino a alegria de Filipe ao ouvir Natanael declarar Jesus como "o Filho de Deus" e "o Rei de Israel" (v.49). Que bênção saber que seu amigo não deixaria de ver as "coisas maiores" que Jesus prometeu que eles veriam (vv.50-51).

O Espírito inicia o nosso relacionamento íntimo com Deus e então passa a viver naqueles que respondem com fé. Ele nos capacita a conhecê-lo pessoalmente e a convidar outros a encontrá-lo todos os dias por Seu Espírito e Escrituras. Um convite para conhecer Jesus face a face é um grande presente para oferecer e também para receber.

Xochitl Dixon

Junho

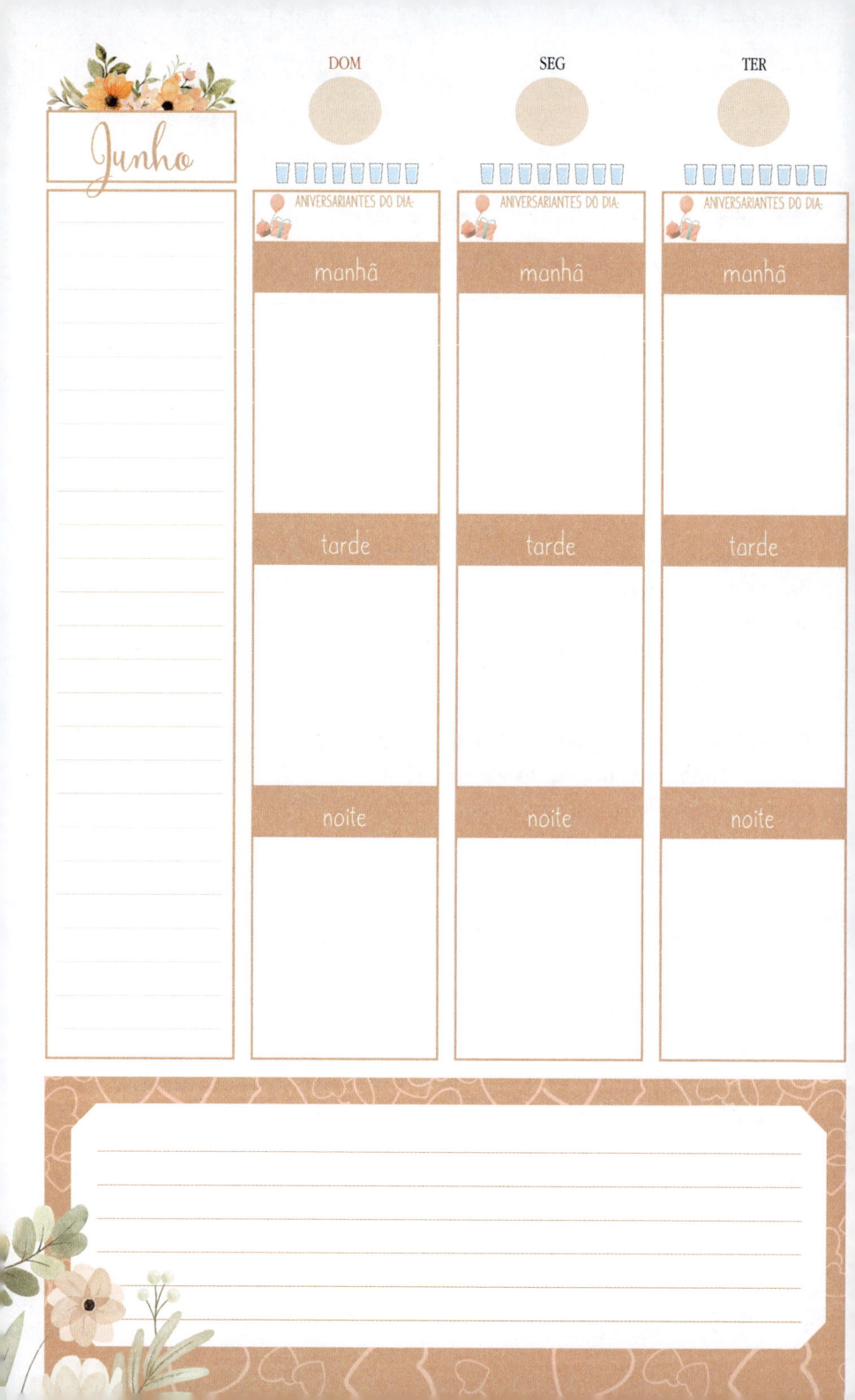

	DOM	SEG	TER
	ANIVERSARIANTES DO DIA:	ANIVERSARIANTES DO DIA:	ANIVERSARIANTES DO DIA:
	manhã	manhã	manhã
	tarde	tarde	tarde
	noite	noite	noite

QUA	QUI	SEX	SÁB

ANIVERSARIANTES DO DIA:

manhã

tarde

noite

Planejamento julho

DOM	SEG	TER

Nós amamos porque ele [Deus] nos amou primeiro.
-1 João 4:16

Planejamento julho

QUA	QUI	SEX	SÁB

A receita para o sucesso espiritual exige obediência à Palavra de Deus.

Objetivos para julho

A oportunidade pode ser boa, mas ela é para você? Clame a Deus por discernimento.

Semana abençoada

Metas da semana

Motivos de oração

Comprar

Ideias

Prepare-se para uma semana de revelação

Leitura: 2 Samuel 12

Quem é?

...Davi confessou a Natã: "Pequei contra o Senhor". Natã respondeu: "Sim, mas o Senhor o perdoou..."

2 Samuel 12:13

Após instalar uma câmera de segurança em sua casa, certo homem foi verificar se o sistema de vídeo estava funcionando. Ao ver uma pessoa de ombros largos e vestida de preto andando pelo quintal, ele ficou observando o que o homem faria. Mas o intruso parecia familiar. Finalmente, percebeu que não se tratava de um estranho, mas que havia gravado *a si próprio*!

O que veríamos se pudéssemos sair da nossa pele em certas situações? Quando o coração de Davi estava endurecido, e ele precisou de uma perspectiva externa — uma perspectiva divina — sobre o seu envolvimento com Bate-Seba, Deus enviou Natã para resgatá-lo (2 Samuel 12).

Natã contou a Davi uma história sobre um homem rico que roubara a única ovelha de um homem pobre. Embora o rico possuísse rebanhos, ainda assim matou a única ovelhinha do pobre para fazer uma refeição. Quando Natã revelou que a história ilustrava as ações de Davi, o salmista viu como havia prejudicado Urias. Natã explicou-lhe as consequências, mas garantiu a Davi: "o Senhor o perdoou" (v.13).

Se Deus revela pecados em nossa vida, Seu propósito maior não é nos condenar, mas nos restaurar e nos ajudar a nos reconciliar com Deus por meio do poder do Seu perdão e de Sua graça.

Jennifer Benson Schuldt

Julho

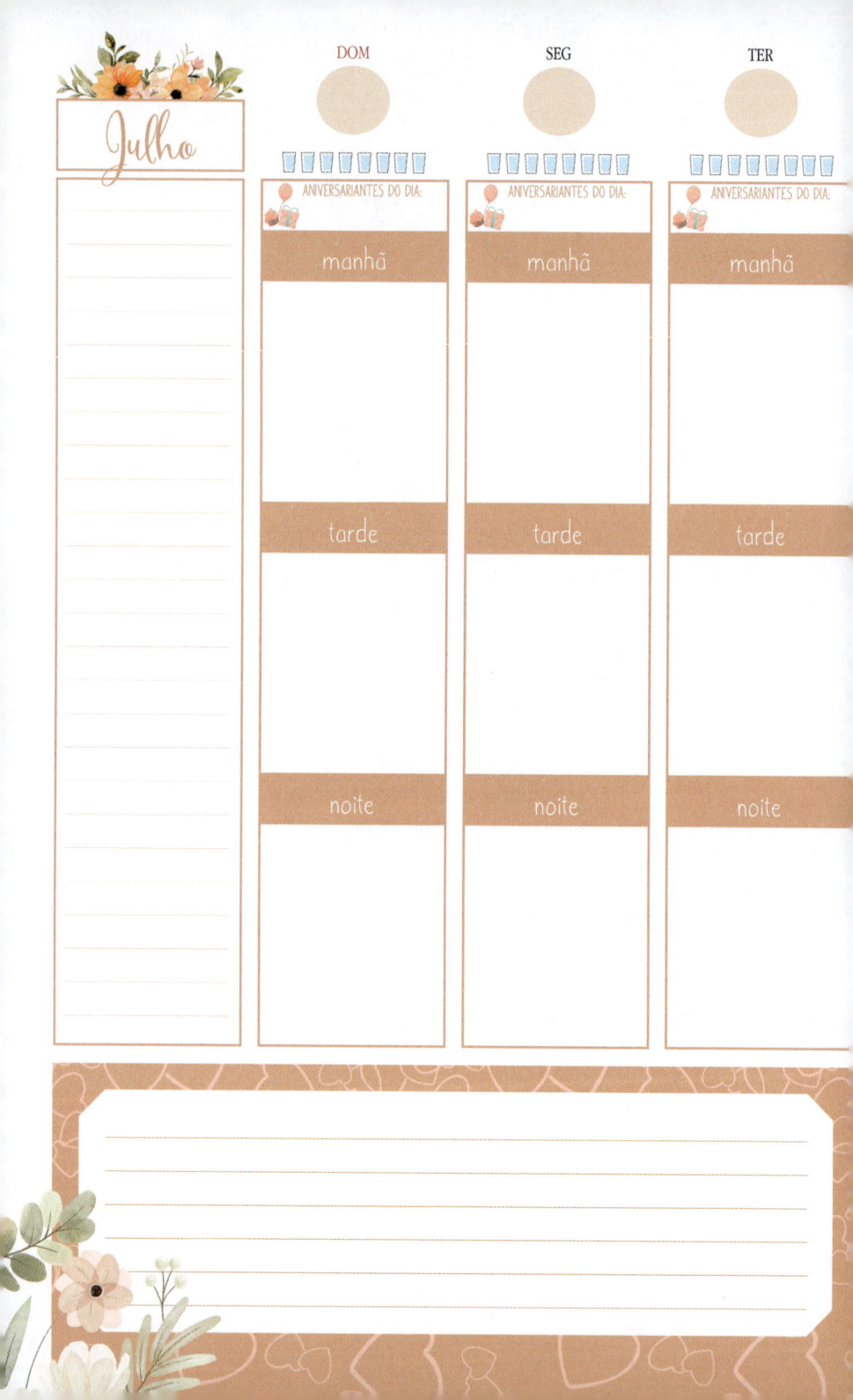

DOM	SEG	TER
ANIVERSARIANTES DO DIA:	ANIVERSARIANTES DO DIA:	ANIVERSARIANTES DO DIA:
manhã	manhã	manhã
tarde	tarde	tarde
noite	noite	noite

QUA	QUI	SEX	SÁB

ANIVERSARIANTES DO DIA:

manhã | **manhã** | **manhã** | **manhã**

tarde | **tarde** | **tarde** | **tarde**

noite | **noite** | **noite** | **noite**

Semana abençoada

Metas da semana

Motivos de oração

Comprar

Ideias

**Prepare-se para
uma semana de purificação**

Leitura: 1 João 1

Purificado

...o sangue de Jesus, seu Filho, nos purifica de todo pecado.

1 João 1:7

Eu mal acreditava. Uma caneta esferográfica azul havia *sobrevivido* à máquina de lavar apenas para estourar na secadora. Minhas toalhas brancas ficaram danificadas com manchas azuis. Não havia alvejante capaz de removê-las.

Quando relutantemente coloquei as toalhas na pilha de trapos, lembrei-me do lamento de Jeremias descrevendo os efeitos prejudiciais do pecado. Por rejeitar a Deus e voltar-se à idolatria (Jeremias 2:13), o profeta declarou que o povo de Israel causara uma mancha permanente em seu relacionamento com Deus: "Por mais sabão ou soda que use, não consegue se limpar; ainda vejo a mancha de sua culpa. Eu, o Senhor Soberano, falei" (v.22). Os israelitas não poderiam desfazer o dano.

Pela própria força, é impossível remover a mancha do nosso pecado. Mas Jesus fez o que não somos capazes de fazer. Pelo poder de Sua morte e ressurreição, Ele nos "purifica de todo pecado" (v.7).

Mesmo quando for difícil acreditar, apegue-se a esta linda verdade: não há mancha que Jesus não possa remover completamente. Deus está disposto e preparado para limpar os efeitos do pecado na vida de qualquer um que deseje voltar-se para Ele (v.9). Por meio de Cristo, podemos viver cada dia em liberdade e esperança.

Lisa Samra

Julho

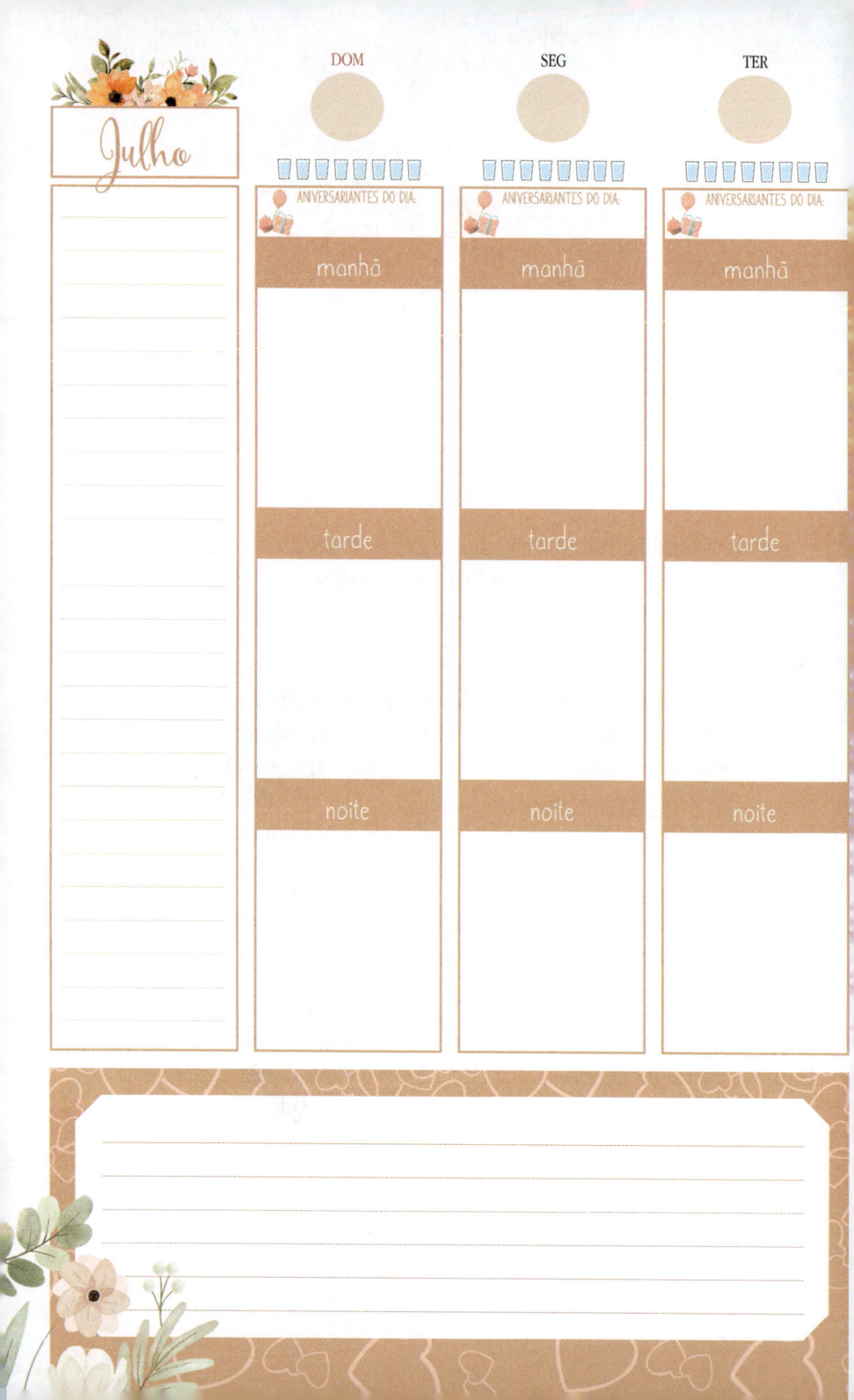

DOM	SEG	TER
manhã	manhã	manhã
tarde	tarde	tarde
noite	noite	noite

ANIVERSARIANTES DO DIA:

QUA	QUI	SEX	SÁB
ANIVERSARIANTES DO DIA:	ANIVERSARIANTES DO DIA:	ANIVERSARIANTES DO DIA:	ANIVERSARIANTES DO DIA:
manhã	manhã	manhã	manhã
tarde	tarde	tarde	tarde
noite	noite	noite	noite

Semana abençoada

Metas da semana

-
-
-
-
-
-
-
-
-
-
-
-
-

Motivos de oração

-
-
-
-
-
-
-
-
-
-
-
-
-

Comprar

-
-
-
-
-
-
-
-
-

Ideias

-
-
-
-
-
-
-
-
-

Prepare-se para uma semana de altruísmo
Leitura: Filipenses 2

É possível mudar

...Deus está agindo em vocês, dando-lhes o desejo e o poder de realizarem aquilo que é do agrado dele.
Filipenses 2:13

O grupo de jovens da minha igreja se reuniu para estudar Filipenses 2:3-4: "Não sejam egoístas, nem tentem impressionar ninguém. Sejam humildes e considerem os outros mais importantes que vocês. Não procurem apenas os próprios interesses, mas preocupem-se também com os interesses alheios". Algumas das questões do estudo incluíam: Com que frequência você se interessa pelos outros? Os outros o descreveriam como alguém humilde ou arrogante? Por quê?.

Enquanto os ouvia, senti-me encorajada. Os adolescentes concordaram que é fácil reconhecer os nossos defeitos, mas é difícil mudar ou querer mudar. Um dos adolescentes lamentou: "O egoísmo está no meu sangue".

O desejo de tirar o foco de si mesmo para servir aos outros só é possível por meio do Espírito que habita em nós. Por isso, Paulo levou a igreja de Filipos a refletir sobre o que Deus estava fazendo entre eles. O Senhor os havia adotado, consolado com o Seu amor e presenteado com o Seu Espírito (vv.1,2). Como eles e nós podemos reagir a tal graça com algo menos do que humildade?

Sim, Deus é o motivo para mudarmos, e só Ele pode nos transformar. Podemos centrar a nossa atenção menos em nós mesmos e humildemente servir os outros porque Ele nos concedeu o desejo e o poder de realizarmos o "que é do agrado dele" (v.13).

Poh Fang Chia

Julho

DOM	SEG	TER
ANIVERSARIANTES DO DIA:	ANIVERSARIANTES DO DIA:	ANIVERSARIANTES DO DIA:
manhã	manhã	manhã
tarde	tarde	tarde
noite	noite	noite

QUA	QUI	SEX	SÁB
ANIVERSARIANTES DO DIA:	ANIVERSARIANTES DO DIA:	ANIVERSARIANTES DO DIA:	ANIVERSARIANTES DO DIA:
manhã	manhã	manhã	manhã
tarde	tarde	tarde	tarde
noite	noite	noite	noite

Semana abençoada

Metas da semana

-
-
-
-
-
-
-
-
-
-
-
-
-
-

Motivos de oração

-
-
-
-
-
-
-
-
-
-
-
-
-
-

Comprar

-
-
-
-
-
-
-
-

Ideias

-
-
-
-
-
-
-
-

Prepare-se para uma semana de compartilhamento

Leitura: Atos 8

Boas-novas para contar

Filipe, começando com essa mesma passagem das Escrituras, anunciou-lhes as boas-novas a respeito de Jesus.
Atos 8:35

"Qual é o seu nome?", perguntou Arman, um aluno iraniano. Após lhe dizer que eu me chamava Estera, o rosto dele se iluminou: "Temos um nome parecido em farsi: Setare!". Essa pequena conexão abriu portas para uma conversa incrível. Contei-lhe que o meu nome era o mesmo da personagem bíblica, "Ester", uma rainha judia na Pérsia (atual Irã). Começando por falar de sua história, falei-lhe sobre as boas-novas de Jesus. Como resultado dessa conversa, ele começou a frequentar um grupo de estudo bíblico para aprender mais sobre Cristo.

Filipe, seguidor de Jesus, guiado pelo Espírito Santo fez uma pergunta que deflagrou uma conversa com um oficial etíope que viajava em sua carruagem: "O senhor compreende o que lê?" (Atos 8:30). O etíope lia uma passagem do livro de Isaías em busca de discernimento espiritual. Filipe lhe perguntou no momento exato. O etíope convidou Filipe para sentar-se perto dele e o ouviu humildemente. Percebendo a oportunidade, o discípulo "começando com essa mesma passagem das Escrituras, anunciou-lhes as boas-novas a respeito de Jesus" (v.35).

Como ele, também temos boas-novas para contar. Aproveitemos as ocasiões diárias no trabalho, no supermercado, no bairro... Que sejamos guiados pelo Espírito Santo e recebamos as palavras para compartilhar nossa esperança e alegria em Jesus.

Estera Pirosca Escobar

Julho

DOM	SEG	TER
ANIVERSARIANTES DO DIA:	ANIVERSARIANTES DO DIA:	ANIVERSARIANTES DO DIA:
manhã	manhã	manhã
tarde	tarde	tarde
noite	noite	noite

QUA	QUI	SEX	SÁB

ANIVERSARIANTES DO DIA: | ANIVERSARIANTES DO DIA: | ANIVERSARIANTES DO DIA: | ANIVERSARIANTES DO DIA:

manhã | **manhã** | **manhã** | **manhã**

tarde | **tarde** | **tarde** | **tarde**

noite | **noite** | **noite** | **noite**

Semana abençoada

Metas da semana

Motivos de oração

Comprar

Ideias

Prepare-se para uma semana de paz
Leitura: Salmo 23

Pelo vale

Mesmo quando eu andar pelo escuro vale da morte, não terei medo, pois tu estás ao meu lado...
Salmo 23:4

Hae Woo (nome fictício) esteve num campo de trabalhos forçados na Coreia do Norte por cruzar a fronteira para o país vizinho. Seus dias e noites eram uma tortura: vigilância brutal, trabalho extenuante, poucas horas de sono no chão gelado e repleto de ratos e piolhos. Mas Deus a ajudou diariamente, inclusive, mostrando-lhe com quais prisioneiras poderia fazer amizades e compartilhar sua fé.

Liberta e morando na Coreia do Sul, Hae Woo refletiu sobre esse tempo na prisão e afirmou que o Salmo 23 resumia a sua experiência. Embora aprisionada em um vale sombrio, Jesus era seu Pastor e lhe concedia paz: "Ainda que eu me sentisse literalmente no escuro vale da morte, eu não sentia medo. Deus me consolava todos os dias". Ela experimentou a bondade e o amor de Deus à medida que o Senhor lhe garantia que ela era Sua filha amada. "Eu estava num lugar terrível, mas sabia que ali experimentaria a bondade e o amor de Deus." Hae Woo sabia que permaneceria na presença de Deus para sempre.

A história dela pode nos encorajar. Apesar das circunstâncias terríveis, ela sentiu o amor e a direção de Deus; Ele a sustentou e dissipou o medo que ela sentia. Se seguirmos Jesus, Ele nos guiará gentilmente pelos momentos difíceis. Não precisamos temer, pois viveremos "na casa do Senhor para sempre" (v.6).

Amy Boucher Pye

Julho

DOM	SEG	TER
ANIVERSARIANTES DO DIA:	ANIVERSARIANTES DO DIA:	ANIVERSARIANTES DO DIA:
manhã	manhã	manhã
tarde	tarde	tarde
noite	noite	noite

QUA	QUI	SEX	SÁB
ANIVERSARIANTES DO DIA:	ANIVERSARIANTES DO DIA:	ANIVERSARIANTES DO DIA:	ANIVERSARIANTES DO DIA:
manhã	manhã	manhã	manhã
tarde	tarde	tarde	tarde
noite	noite	noite	noite

Semana abençoada

Metas da semana

Motivos de oração

Comprar

Ideias

Prepare-se para uma semana de contentamento
LEITURA: Provérbios 14

A paz encheu os corações

O contentamento dá saúde ao corpo;
a inveja é como câncer nos ossos
PROVÉRBIOS 14:30

Durante 45 anos após encerrar a carreira como atleta profissional, o nome de Jerry Kramer não entrou para o hall da fama dos esportes (o mais alto reconhecimento). Embora tivesse sido indicado dez vezes, jamais recebeu essa honra. Mas Kramer era amável ao dizer: "É como se a Liga de Futebol Americano tivesse me dado cem presentes ao longo da minha vida, e aborrecer-me ou ficar zangado por não ter recebido um deles seria no mínimo um absurdo!".

Outros teriam se amargurado após receber tantas indicações negadas em favor de outros jogadores, mas não ele. A atitude de Kramer mostra como podemos guardar o nosso coração da natureza corrosiva da inveja, um "câncer nos ossos" (PROVÉRBIOS 14:30). Quando nos preocupamos com o que não temos e falhamos em reconhecer o muito que temos, a paz de Deus nos escapa.

Finalmente, após a 11ª indicação, o nome de Jerry Kramer entrou no Hall da Fama em fevereiro de 2018. Nossos desejos terrenos podem não ser realizados, mas podemos ter "contentamento" ao ver as muitas formas pelas quais Deus tem demonstrado a Sua generosidade a cada um de nós. Não importa o que queremos e não temos, pois sempre podemos usufruir do "contentamento" que Ele traz para a nossa vida.

Kirsten Holmberg

Julho

	DOM	SEG	TER

ANIVERSARIANTES DO DIA:

manhã

tarde

noite

QUA	QUI	SEX	SÁB
ANIVERSARIANTES DO DIA:	ANIVERSARIANTES DO DIA:	ANIVERSARIANTES DO DIA:	ANIVERSARIANTES DO DIA:
manhã	manhã	manhã	manhã
tarde	tarde	tarde	tarde
noite	noite	noite	noite

Planejamento agosto

DOM	SEG	TER
♡	♡	♡
♡	♡	♡
♡	♡	♡
♡	♡	♡
♡	♡	♡
♡	♡	♡

Que podemos dizer diante de coisas tão maravilhosas? Se Deus é por nós, quem será contra nós? —Romanos 8:31

Planejamento agosto

QUA	QUI	SEX	SÁB

A oração faz a ponte entre o pânico e a paz.

Objetivos para agosto

Repare que tudo é entre você e Deus. Nunca foi entre você e os outros.

Semana abençoada

Metas da semana

Motivos de oração

Comprar

Ideias

Prepare-se para uma semana de exaltação a Deus

LEITURA: Gênesis 1

Celebrando a criatividade

...Deus disse: "Encham-se as águas de seres vivos..."
GÊNESIS 1:20

Uma água-viva raramente vista valsava com as correntes a 120 metros de profundidade no oceano. O corpo da criatura brilhava com tons fluorescentes de azul, púrpura e rosa contra o pano de fundo da água negra. Tentáculos elegantes ondulavam graciosamente com o pulsar do corpo em formato de sino. Ao ver a filmagem incrível da medusa *Halitrephes maasi* no canal da *National Geographic*, pensei sobre como Deus escolheu um design específico para essa criatura bela e gelatinosa. Ele também moldou os outros 2.000 tipos de águas-vivas que os cientistas identificaram até outubro de 2017.

Embora reconheçamos Deus como Criador, será que paramos para considerar as verdades profundas reveladas no primeiro capítulo da Bíblia? Nosso maravilhoso Deus criou a luz e a vida no mundo diversificado que Ele moldou com o poder de Sua palavra. Ele projetou "os grandes animais marinhos e todos os seres vivos que se movem em grande número pelas águas" (v.21). Os cientistas descobriram apenas uma fração das maravilhosas criaturas que o Senhor criou.

Deus também esculpiu intencionalmente cada pessoa do mundo, designando Seu propósito a cada dia da nossa vida antes mesmo de nascermos (SALMO 139:13-16). Ao celebrarmos a criatividade do Senhor, também podemos alegrar-nos nas muitas formas como Ele nos ajuda a imaginar e criar com Ele e para a Sua glória.

Xochitl Dixon

Agosto

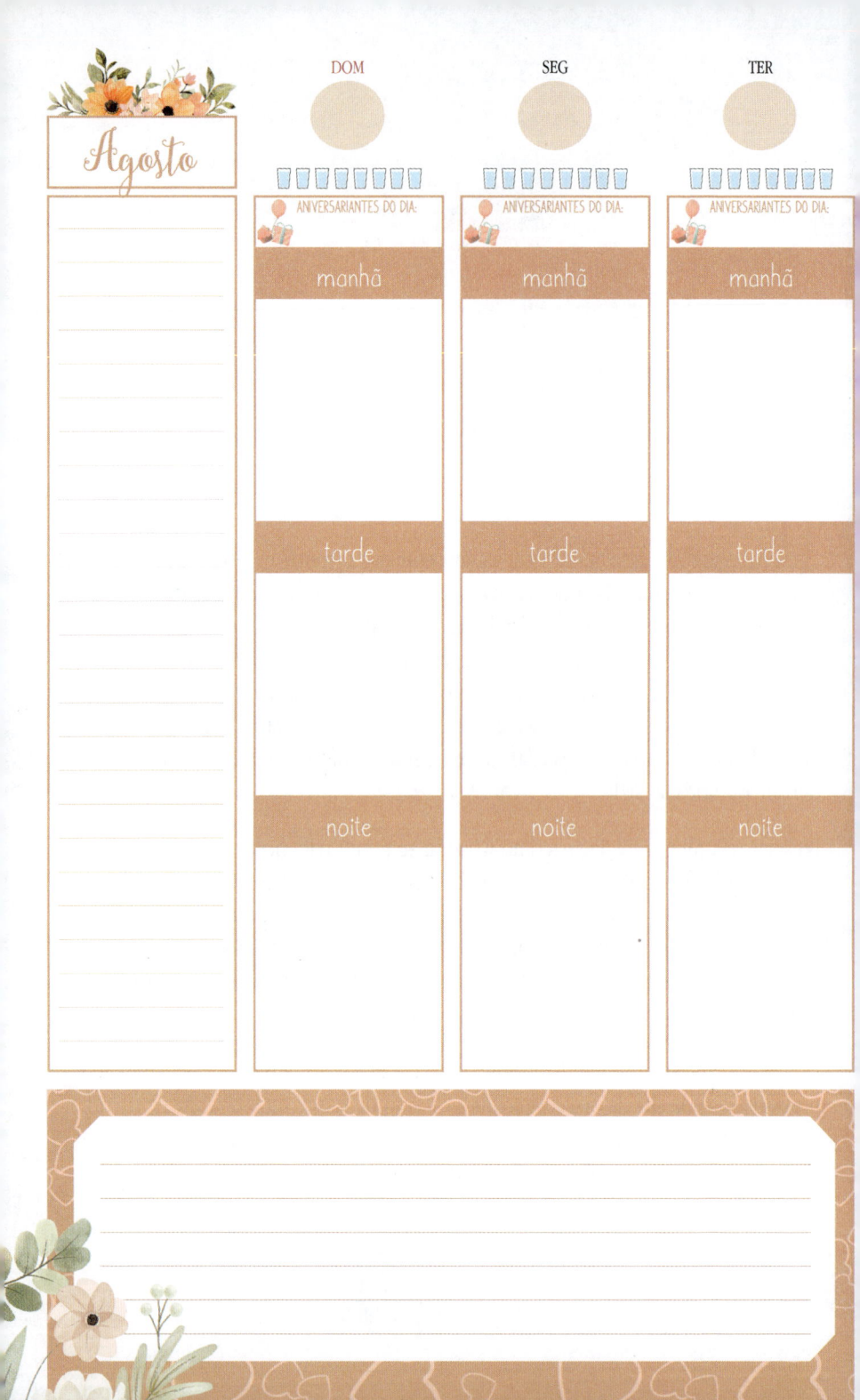

DOM
ANIVERSARIANTES DO DIA:

manhã

tarde

noite

SEG
ANIVERSARIANTES DO DIA:

manhã

tarde

noite

TER
ANIVERSARIANTES DO DIA:

manhã

tarde

noite

QUA	QUI	SEX	SÁB

ANIVERSARIANTES DO DIA:

manhã | **manhã** | **manhã** | **manhã**

tarde | **tarde** | **tarde** | **tarde**

noite | **noite** | **noite** | **noite**

Semana abençoada

Metas da semana

-
-
-
-
-
-
-
-
-
-
-
-

Motivos de oração

-
-
-
-
-
-
-
-
-
-
-
-

Comprar

-
-
-
-
-
-
-
-

Ideias

-
-
-
-
-
-
-
-

Prepare-se para uma semana de amor em ação

Leitura: João 13

Amor inexplicável

Assim como eu vos amei, vocês devem amar uns aos outros.
João 13:34

Nossa congregação fez uma surpresa para o meu filho no seu aniversário de 6 aninhos. Os membros da igreja decoraram o espaço com balões e a mesa com o bolo. Quando o meu filho abriu a porta, todos gritaram: "Parabéns!". Enquanto eu cortava o bolo, meu filho sussurrou no meu ouvido: "Mãe, por que todo mundo aqui me ama?". Eu tinha a mesma pergunta! Eles nos conheciam apenas há seis meses e nos tratavam como amigos de longa data.

O amor demonstrado pelo meu filho refletia o amor de Deus por nós. Não entendemos por que o Senhor nos ama, mas Ele nos ama — e o Seu amor é uma dádiva. Nada fizemos para merecê-lo, mas Deus nos ama generosamente. As Escrituras afirmam: "Deus é amor" (1 João 4:8). O amor é a essência de Deus.

Deus derramou o Seu amor sobre nós a fim de que pudéssemos demonstrar o mesmo amor aos outros. Jesus disse aos Seus discípulos: "Assim como eu vos amei, vocês devem amar uns aos outros. Seu amor uns pelos outros provará ao mundo que são meus discípulos" (vv.34-35).

As pessoas da nossa igreja nos amam porque o amor de Deus está nelas, brilha por meio delas e as identifica como seguidores de Jesus. Não compreendemos totalmente o amor de Deus, mas podemos derramá-lo sobre os outros — sendo exemplos de Seu amor inexplicável.

Keila Ochoa

Agosto

DOM	SEG	TER
ANIVERSARIANTES DO DIA:	ANIVERSARIANTES DO DIA:	ANIVERSARIANTES DO DIA:
manhã	manhã	manhã
tarde	tarde	tarde
noite	noite	noite

QUA	QUI	SEX	SÁB
ANIVERSARIANTES DO DIA:	ANIVERSARIANTES DO DIA:	ANIVERSARIANTES DO DIA:	ANIVERSARIANTES DO DIA:
manhã	manhã	manhã	manhã
tarde	tarde	tarde	tarde
noite	noite	noite	noite

Semana abençoada

Metas da semana

-
-
-
-
-
-
-
-
-
-
-
-
-
-
-

Motivos de oração

-
-
-
-
-
-
-
-
-
-
-
-
-
-
-

Comprar

-
-
-
-
-
-
-
-
-

Ideias

-
-
-
-
-
-
-
-
-

> **Prepare-se para uma semana de vigilância**
> Leitura: 1 Pedro 5

Cuidado!

> Estejam atentos! Tomem cuidado com [...] o diabo, que anda como um leão rugindo à sua volta, à procura de alguém para devorar.
> 1 Pedro 5:8

Cresci em cidades quentes do sul da América do Norte e ao nos mudamos para o Norte, levou tempo para eu aprender a dirigir durante os longos meses de neve. Meu primeiro inverno foi difícil, acabei encalhada num monte de neve três vezes! Mas, com anos de prática, senti-me mais confortável dirigindo em condições invernais. Na realidade, senti-me um pouco confortável demais. Deixei de vigiar. E foi então que atingi um bloco de gelo escuro e deslizei até um poste telefônico ao lado da estrada!

Felizmente, ninguém se machucou, mas aprendi algo importante naquele dia. Percebi o quanto poderia ser perigoso sentir-me confortável. Em vez de tomar cuidado, entrei no modo "piloto automático".

Precisamos praticar esse mesmo tipo de vigilância em nossa vida espiritual. Pedro alerta os cristãos a não deslizarem impensadamente pela vida, mas que "estejam atentos" (1 Pedro 5:8). O diabo tenta ativamente nos destruir, e por isso precisamos estar alertas, resistir à tentação e permanecermos firmes na fé (v.9). Não é algo que temos de fazer sozinhos. Deus promete estar conosco em meio ao sofrimento e, por fim, sustentar-nos, fortalecer-nos, e colocar-nos "sobre um firme alicerce" (v.10). Pelo Seu poder, aprendemos a permanecer vigilantes e alertas para resistir ao mal e seguir a Deus.

Amy Peterson

Agosto

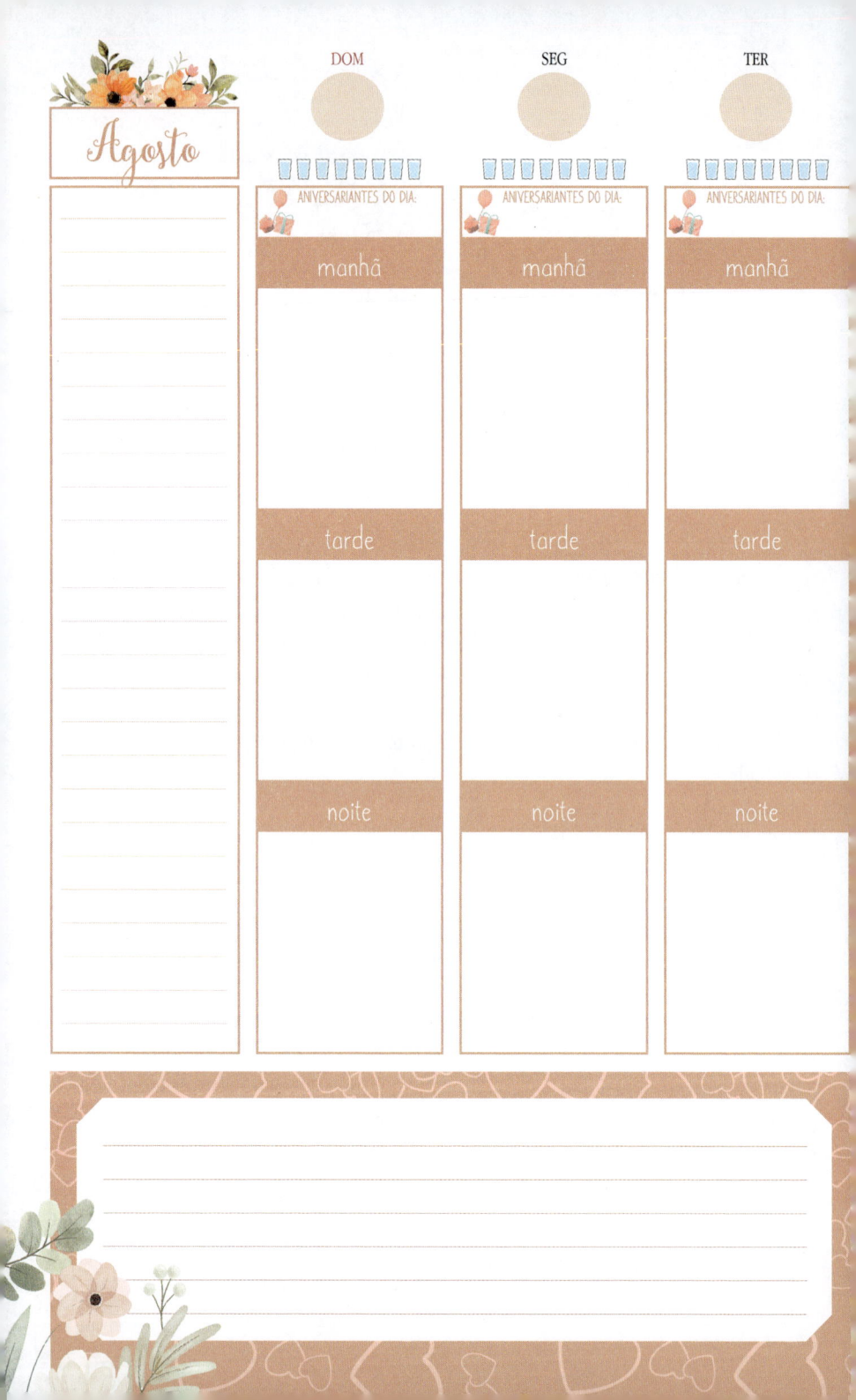

DOM	SEG	TER
ANIVERSARIANTES DO DIA:	ANIVERSARIANTES DO DIA:	ANIVERSARIANTES DO DIA:
manhã	manhã	manhã
tarde	tarde	tarde
noite	noite	noite

QUA	QUI	SEX	SÁB
ANIVERSARIANTES DO DIA:	ANIVERSARIANTES DO DIA:	ANIVERSARIANTES DO DIA:	ANIVERSARIANTES DO DIA:
manhã	manhã	manhã	manhã
tarde	tarde	tarde	tarde
noite	noite	noite	noite

Semana abençoada

Metas da semana

Motivos de oração

Comprar

Ideias

Prepare-se para uma semana de dedicação a Deus

Leitura: 2 Crônicas 16

O que Deus vê

Os olhos do Senhor passam por toda a terra para mostrar sua força àqueles cujo coração é [...] dedicado a ele.
2 Crônicas 16:9

No início da manhã, passei pela janela da sala com vista para uma área verde nos fundos de casa. Muitas vezes, noto um falcão ou uma coruja observando a região. Certa manhã, surpreendi-me ao ver uma águia-careca num galho alto vigiando o terreno como se tudo lhe pertencesse. Provavelmente, estava procurando o "café da manhã". Seu olhar abrangente parecia majestoso.

Lemos que o vidente Hanani (profeta de Deus) informou ao rei que suas ações estavam sob o olhar real. Ele disse a Asa, rei de Judá: "você confiou no rei da Síria, em vez de confiar no Senhor, seu Deus" (2 Crônicas 16:7). E explicou: "Os olhos do Senhor passam por toda a terra para mostrar sua força àqueles cujo coração é inteiramente dedicado a ele" (v.9). Por causa da dependência equivocada de Asa, ele sempre estaria em guerra.

Lendo essas palavras, podemos ter a falsa sensação de que Deus observa nossos movimentos para lançar-se sobre nós como uma ave de rapina. Mas as palavras de Hanani enfatizam o positivo. A questão é que Deus continuamente nos vigia e espera que clamemos por Ele quando necessitamos.

Como a águia-careca do meu quintal, será que os olhos de Deus vagam pelo mundo — até mesmo agora — buscando fidelidade em você e em mim? Como Ele poderia prover a esperança e a ajuda que precisamos?

Elisa Morgan

Agosto

DOM	SEG	TER
ANIVERSARIANTES DO DIA:	ANIVERSARIANTES DO DIA:	ANIVERSARIANTES DO DIA:
manhã	manhã	manhã
tarde	tarde	tarde
noite	noite	noite

QUA	QUI	SEX	SÁB

ANIVERSARIANTES DO DIA:

manhã

tarde

noite

Semana abençoada

Metas da semana

Motivos de oração

Comprar

Ideias

Prepare-se para uma semana de gratidão pela beleza

Leitura: Eclesiastes 3

Usufruindo a beleza

Deus fez tudo apropriado para seu devido tempo.
Eclesiastes 3:11

Exibida num longo corredor do hospital, as cores suaves e os desenhos de índios nativos eram tão cativantes que parei para contemplá-los. Meu marido andava à frente, mas, após passar por outras pinturas, eu parei para fixar o olhar numa só. "Linda", sussurrei.

Muitas coisas na vida são de fato lindas. Belos quadros. Vistas panorâmicas. Obras de arte. Mas o mesmo acontece com o sorriso de uma criança, o cumprimento de um amigo, o ovo azul de um pintarroxo, a textura das conchas. Para aliviar os fardos que a vida pode impor, "Deus fez tudo apropriado para seu devido tempo" (Eclesiastes 3:11). Em tal beleza, explicam os estudiosos da Bíblia, temos um vislumbre da perfeição da criação divina — incluindo a glória do Seu futuro reinado perfeito.

Como só podemos imaginar tal perfeição, Deus nos concede um gostinho na beleza da vida. Desta maneira, Deus "colocou um senso de eternidade no coração humano" (v.11). Alguns dias, a vida parece cinza e fútil, porém, Deus, misericordiosamente, provê momentos de beleza.

O artista Gerard Curtis Delano compreendeu isso e disse: "Deus me deu o talento para criar beleza e é isso que Ele quer que eu faça".

Como reagir ao vermos tanta beleza? Podemos ser gratos a Deus pela eternidade enquanto nos alegramos com a glória que já contemplamos.

Patrícia Raybon

Agosto

DOM
ANIVERSARIANTES DO DIA:
- manhã
- tarde
- noite

SEG
ANIVERSARIANTES DO DIA:
- manhã
- tarde
- noite

TER
ANIVERSARIANTES DO DIA:
- manhã
- tarde
- noite

QUA

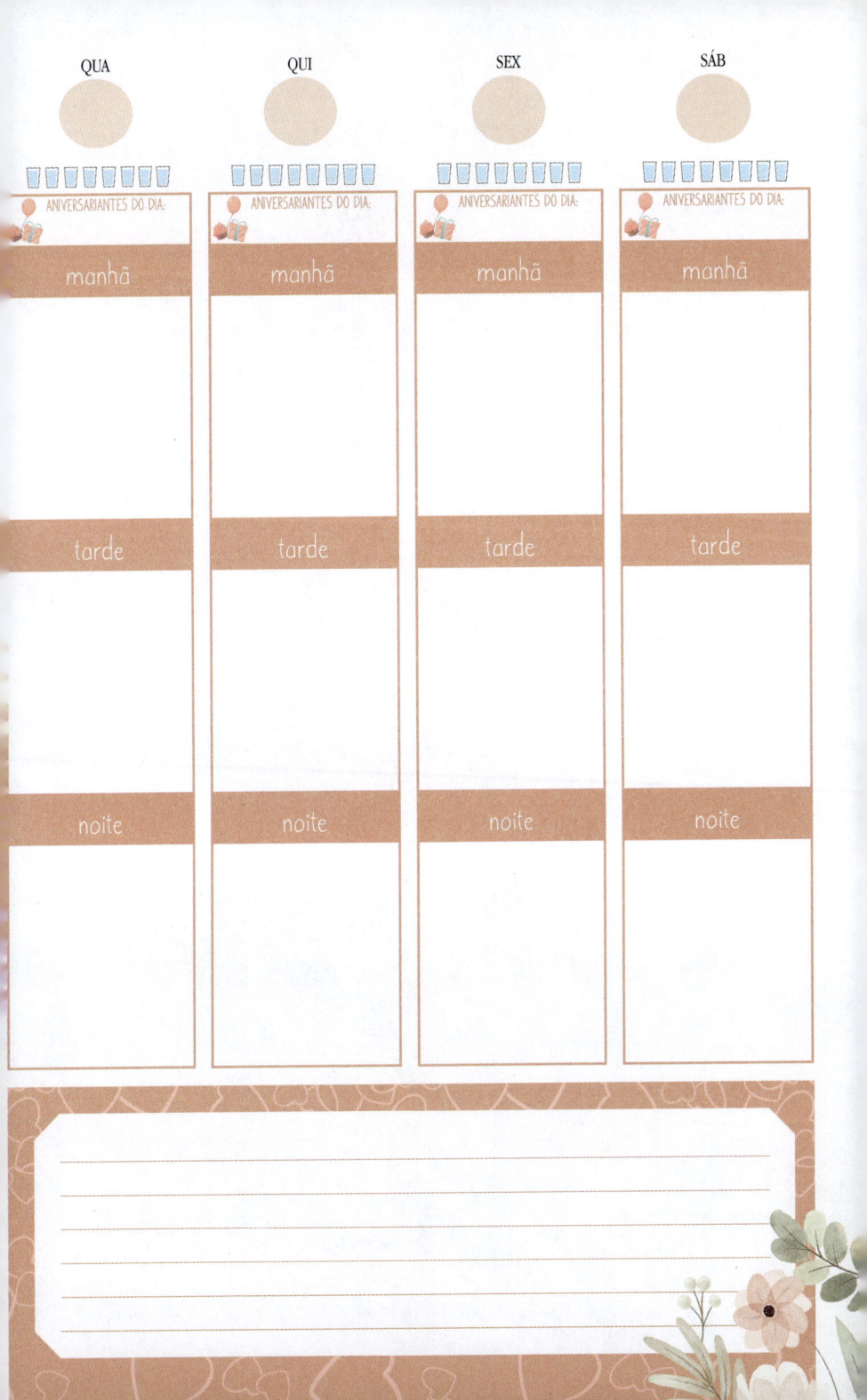

ANIVERSARIANTES DO DIA:

manhã

tarde

noite

QUI

ANIVERSARIANTES DO DIA:

manhã

tarde

noite

SEX

ANIVERSARIANTES DO DIA:

manhã

tarde

noite

SÁB

ANIVERSARIANTES DO DIA:

manhã

tarde

noite

Semana abençoada

Metas da semana

-
-
-
-
-
-
-
-
-
-
-
-
-
-
-

Motivos de oração

-
-
-
-
-
-
-
-
-
-
-
-
-
-
-

Comprar

-
-
-
-
-
-
-
-
-
-

Ideias

-
-
-
-
-
-
-
-
-
-

Prepare-se para uma semana de planos de Deus
LEITURA: Êxodo 3:1-10

Plano de aposentadoria de Deus

...o anjo do SENHOR lhe apareceu [a Moisés] no fogo que ardia no meio de um arbusto.
ÊXODO 3:2

O arqueólogo Warwick Rodwell fez uma descoberta extraordinária. Ao escavar no chão da Catedral Lichfield, na Inglaterra, a fim de abrir espaço para uma base retrátil, descobriram uma escultura do arcanjo Gabriel que estimaram ter 1200 anos. Os planos de aposentadoria do Dr. Rodwell tiveram de esperar, pois sua descoberta o colocou numa etapa nova e muito desafiadora.

Moisés tinha 80 anos quando fez uma descoberta que mudou a sua vida. Embora ele fosse filho adotivo de uma princesa egípcia, ele nunca esqueceu sua linhagem hebraica e se enfureceu com a injustiça que testemunhou contra seus compatriotas (Êxodo 3:.11-12). Quando o Faraó soube que Moisés havia matado um egípcio que estava batendo num hebreu, planejou matá-lo, obrigando Moisés a fugir para Midiã, onde se estabeleceu (vv.13-15).

Anos após sua fuga, Moisés estava cuidando do rebanho do sogro quando "o anjo do SENHOR lhe apareceu no fogo que ardia no meio de um arbusto. Moisés olhou admirado, pois embora o arbusto estivesse envolto em chamas, o fogo não o consumia" (3:2). Neste momento, Deus o chamou para liderar os israelitas e tirá-los da escravidão no Egito (vv.3-25).

Neste momento, Deus o está chamando para cumprir o Seu maior propósito? Quais novos planos Ele colocou no seu caminho?

Ruth O'Reilly-Smith

Agosto

DOM	SEG	TER

ANIVERSARIANTES DO DIA:

manhã

tarde

noite

QUA	QUI	SEX	SÁB
ANIVERSARIANTES DO DIA:	ANIVERSARIANTES DO DIA:	ANIVERSARIANTES DO DIA:	ANIVERSARIANTES DO DIA:
manhã	manhã	manhã	manhã
tarde	tarde	tarde	tarde
noite	noite	noite	noite

Planejamento setembro

	DOM	SEG	TER

É nisto que consiste o amor: não em que tenhamos amado a Deus, mas em que ele nos amou e enviou seu Filho como sacrifício para o perdão de nossos pecados. –1 João 4:10

Planejamento setembro

QUA	QUI	SEX	SÁB

A vida de quem ama a Deus é a janela pela qual outras pessoas podem ver Jesus.

Objetivos para setembro

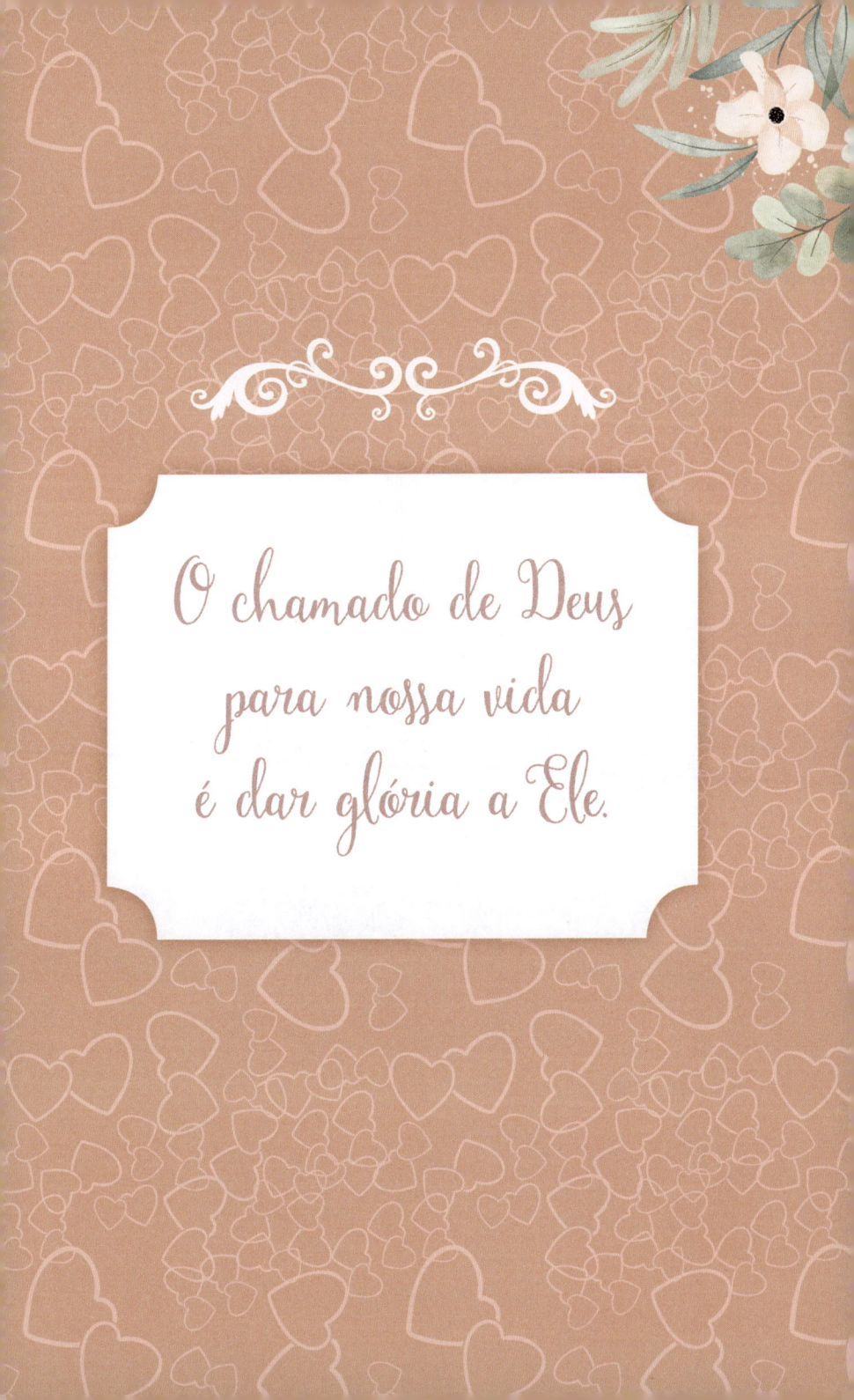

O chamado de Deus
para nossa vida
é dar glória a Ele.

Semana abençoada

Metas da semana

Motivos de oração

Comprar

Ideias

Prepare-se para uma semana de transformação
Leitura: João 21

Sobre santos e pecadores

..."Simão, [...] você me ama?". [...] "O Senhor sabe todas a coisas. Sabe que eu o amo".
João 21:17

Antes de morar no deserto seguindo o exemplo de João Batista, Maria do Egito (344–421 d.C.) passou a juventude em busca de prazeres ilícitos. No auge de sua sórdida carreira, ela viajou a Jerusalém para corromper os peregrinos. Porém, ela teve a profunda convicção dos próprios pecados e, desde então, viveu em arrependimento e solidão no deserto. A transformação radical de Maria do Egito ilustra a magnitude da graça de Deus e o poder restaurador da cruz.

Pedro negou Jesus três vezes, mas, poucas horas antes de negá-lo, ele havia declarado sua disposição de morrer por Jesus (Lucas 22:33). Assim, seu fracasso foi um golpe pesado (vv.61-62). Após a morte e ressurreição de Jesus, Pedro estava pescando com alguns dos discípulos quando o Senhor lhe apareceu. Jesus lhe deu a chance de declarar seu amor por Ele três vezes — uma chance para cada uma das negações (vv.1-3). Depois, em cada declaração, Jesus o encarregou de cuidar do Seu povo (vv.15-17). O resultado dessa demonstração maravilhosa da graça foi que Pedro desempenhou um papel fundamental na edificação da Igreja e, por fim, deu a sua vida por Cristo.

A biografia de qualquer um de nós poderia começar com uma litania dos nossos fracassos e derrotas. Mas a graça de Deus sempre nos permite um fim diferente. Por Sua graça, Ele nos redime e nos transforma.

Remi Oydele

Setembro

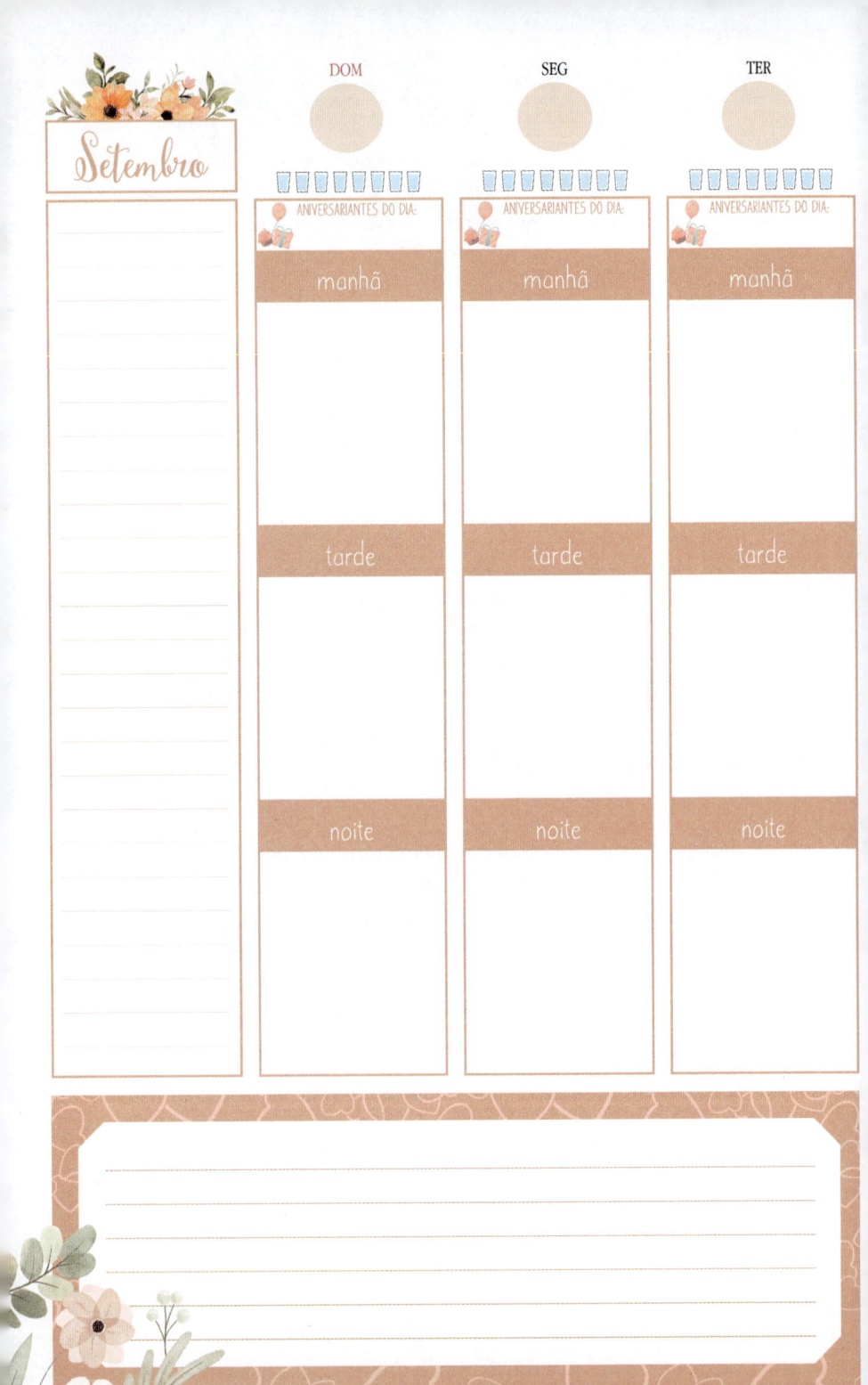

	DOM	SEG	TER
ANIVERSARIANTES DO DIA:			
manhã			
tarde			
noite			

QUA

ANIVERSARIANTES DO DIA:

manhã

tarde

noite

QUI

ANIVERSARIANTES DO DIA:

manhã

tarde

noite

SEX

ANIVERSARIANTES DO DIA:

manhã

tarde

noite

SÁB

ANIVERSARIANTES DO DIA:

manhã

tarde

noite

Semana abençoada

Metas da semana

-
-
-
-
-
-
-
-
-
-
-
-
-
-

Motivos de oração

-
-
-
-
-
-
-
-
-
-
-
-
-
-

Comprar

-
-
-
-
-
-
-
-
-

Ideias

-
-
-
-
-
-
-
-
-

> **Prepare-se para uma semana de auxílio ao próximo**
> LEITURA: Marcos 12

Expandindo as fronteiras

Ame o seu próximo como a si mesmo
MARCOS 12:31

Em 2017, o furacão Harvey destruiu vidas e propriedades nos EUA. Muitas pessoas forneceram alimento, água, roupas e um teto para os desabrigados.

Dean Kramer era o dono de uma loja de pianos e sentiu-se motivado a fazer algo mais ao refletir sobre como a música poderia trazer um tipo especial de cura e senso de normalidade aos que tinham perdido tudo. Ele e sua equipe reformaram pianos usados para doá-los onde houvesse a necessidade. Naquela primavera, Kramer e sua esposa, Lois, começaram a longa jornada para o Texas, dirigindo um caminhão cheio de pianos para doar às famílias, igrejas e escolas na área devastada.

Às vezes, assumimos que a palavra "próximo" significa alguém que mora perto ou pelo menos alguém que conhecemos. Mas em Lucas 10, Jesus contou a parábola do bom samaritano para ensinar que o amor por nosso próximo não deveria ter fronteiras. O bom samaritano doou livremente a um estranho ferido, embora o homem fosse judeu e fizesse parte de um grupo de pessoas que tinha desacordos com os samaritanos (vv.25-37).

Quando perguntaram a Kramer por que ele doara os pianos, ele explicou: Somos aconselhados a amar o nosso próximo. E foi Jesus quem disse: "Nenhum outro mandamento é maior…" (v.31) do que amar a Deus e ao próximo.

Cindy Hess Kasper

Setembro

DOM	SEG	TER
ANIVERSARIANTES DO DIA:	ANIVERSARIANTES DO DIA:	ANIVERSARIANTES DO DIA:
manhã	manhã	manhã
tarde	tarde	tarde
noite	noite	noite

QUA

ANIVERSARIANTES DO DIA:

manhã

tarde

noite

QUI

ANIVERSARIANTES DO DIA:

manhã

tarde

noite

SEX

ANIVERSARIANTES DO DIA:

manhã

tarde

noite

SÁB

ANIVERSARIANTES DO DIA:

manhã

tarde

noite

Semana abençoada

Metas da semana

Motivos de oração

Comprar

Ideias

Prepare-se para uma semana de intercessão
LEITURA: 2 Coríntios 1

Pequeno, mas significativo

Nele depositamos nossa esperança, e ele continuará a nos livrar. E vocês nos têm ajudado ao orar por nós.
2 CORÍNTIOS 1:10-11

O dia começou como qualquer outro, mas terminou como um pesadelo. Ester e centenas de mulheres foram sequestradas de seu colégio interno por um grupo religioso militante. Um mês depois, todas foram libertas, exceto Ester, que se recusara a negar a Cristo. Quando meu amigo e eu lemos sobre ela e os perseguidos por sua fé, isso comoveu o nosso coração. Queríamos fazer algo. Mas o quê?

Ao escrever para a igreja de Corinto, o apóstolo Paulo compartilhou sobre o que experimentou na Ásia. A perseguição foi tão severa que ele e seus companheiros pensaram que não sobreviveriam (2 CORÍNTIOS 1:8). No entanto, as orações dos cristãos o ajudaram (v.11). Embora a igreja de Corinto estivesse muito distante do apóstolo, suas orações eram importantes e Deus as ouvia. Que incrível mistério: o Soberano escolheu usar as nossas orações para cumprir o Seu propósito. Que privilégio!

Hoje podemos continuar a lembrar de nossos irmãos em Cristo que sofrem por sua fé. Há algo que podemos fazer. Podemos orar por aqueles que são marginalizados, oprimidos, espancados, torturados e às vezes até mortos por sua fé em Cristo. Vamos orar para que eles experimentem o conforto e o encorajamento de Deus e sejam fortalecidos com esperança enquanto permanecem firmes com Jesus.

Poh Fang Chia

Setembro

DOM	SEG	TER

ANIVERSARIANTES DO DIA:

manhã

tarde

noite

ANIVERSARIANTES DO DIA:

manhã

tarde

noite

ANIVERSARIANTES DO DIA:

manhã

tarde

noite

QUA	QUI	SEX	SÁB
ANIVERSARIANTES DO DIA:	ANIVERSARIANTES DO DIA:	ANIVERSARIANTES DO DIA:	ANIVERSARIANTES DO DIA:
manhã	manhã	manhã	manhã
tarde	tarde	tarde	tarde
noite	noite	noite	noite

Semana abençoada

Metas da semana

Motivos de oração

Comprar

Ideias

Prepare-se para uma semana de liderança
Leitura: 2 Reis 1-6

Alguém que lidera

Então Elias disse a Eliseu: "Fique aqui, pois o Senhor me mandou ir ao rio Jordão".
2 Reis 2:6

Em quem você pensa quando ouve a palavra *mentor*? Eu penso no pastor Ricardo, que viu meu potencial e acreditou em mim, mesmo quando eu não acreditava. Ele foi o meu modelo de como liderar e servir com humildade e amor. Hoje, sirvo a Deus e oriento outros.

O profeta Elias teve papel fundamental no crescimento de Eliseu como líder. Elias o encontrou arando um campo e o convidou para ser seu pupilo após Deus ter lhe dito para ungi-lo como seu sucessor (1 Reis 19:16,19). O jovem aprendiz viu seu mentor realizar milagres incríveis e obedecer a Deus não importando as circunstâncias. O Senhor usou Elias para prepará-lo ao ministério. Perto do fim da vida de Elias, Eliseu teve a oportunidade de desistir. Porém, o jovem renovou o seu compromisso com o seu mentor. Três vezes, Elias ofereceu para Eliseu livrar-se de seus deveres, mas este recusava-se, dizendo: "Tão certo como vive o Senhor, e tão certo como a sua própria vida, não o deixarei" (vv.2,4,6). Como resultado da fidelidade de Eliseu, ele também foi usado por Deus de maneiras extraordinárias.

Todos nós precisamos de alguém que nos exemplifique o que significa seguir a Jesus. Que Deus nos dê pessoas piedosas que nos ajudem a crescer espiritualmente. E que também nós, pelo poder do Seu Espírito, possamos investir nossa vida em outros.

Estera Pirosca Escobar

Setembro

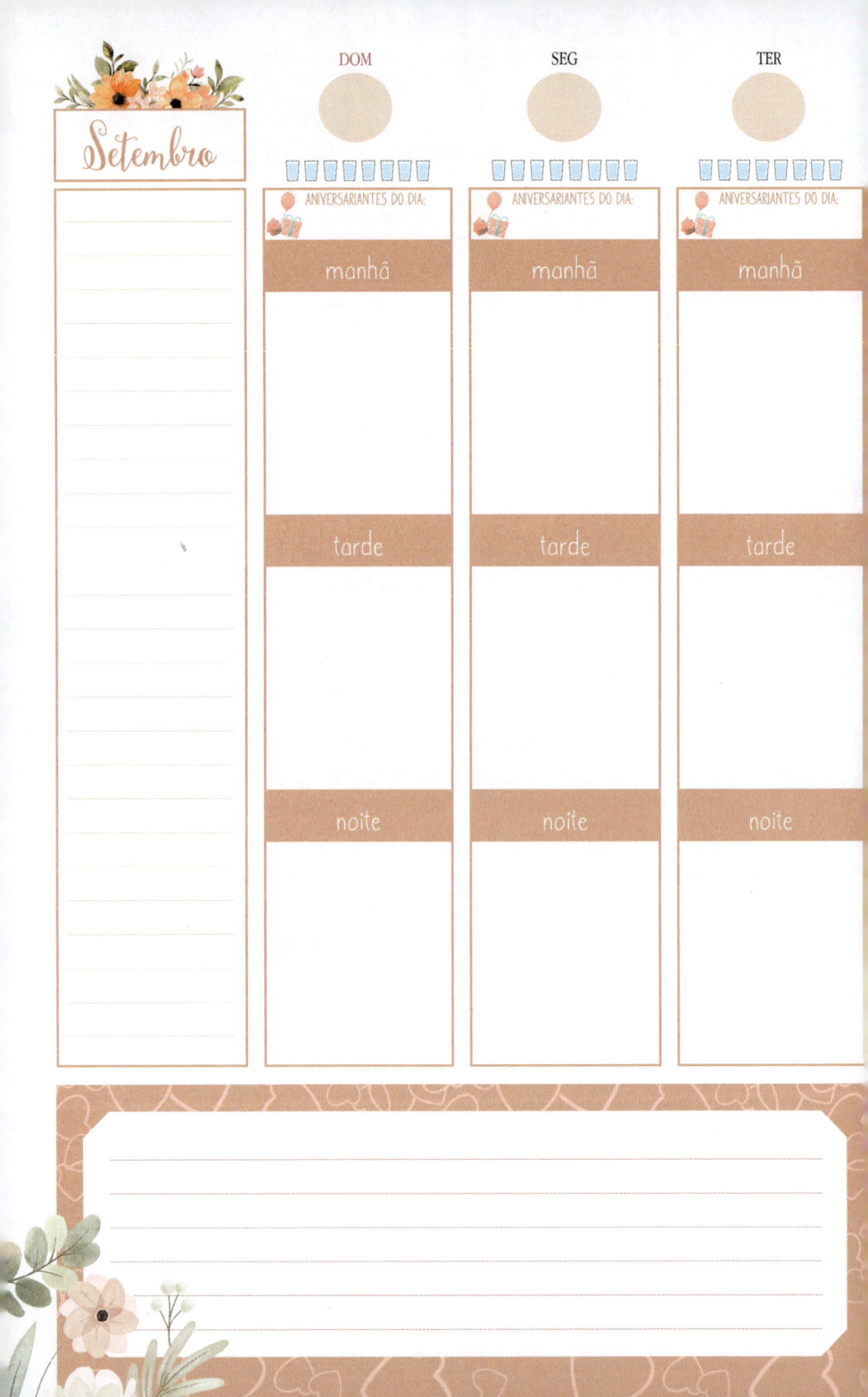

DOM	SEG	TER
ANIVERSARIANTES DO DIA:	ANIVERSARIANTES DO DIA:	ANIVERSARIANTES DO DIA:
manhã	manhã	manhã
tarde	tarde	tarde
noite	noite	noite

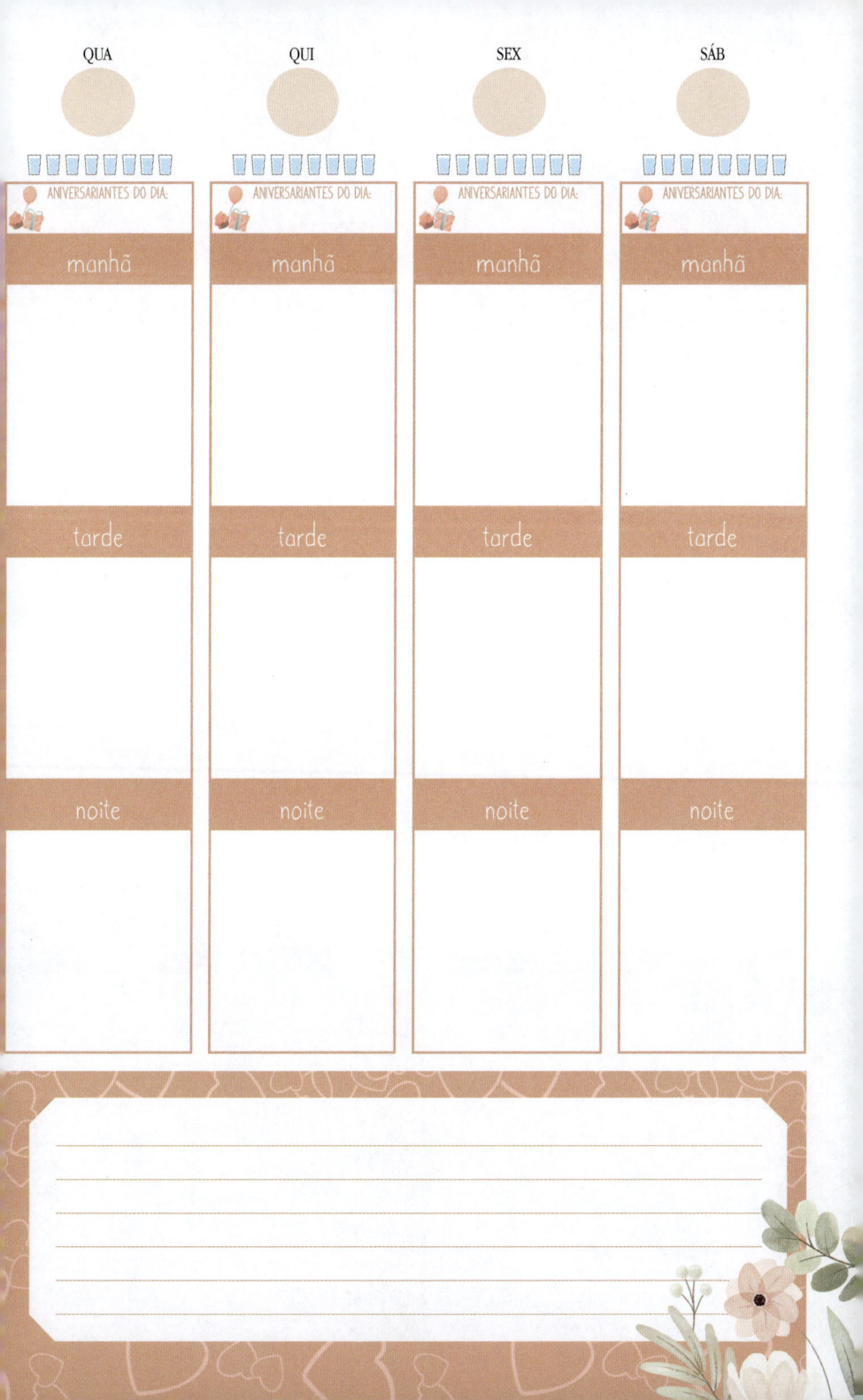

QUA	QUI	SEX	SÁB
ANIVERSARIANTES DO DIA:	ANIVERSARIANTES DO DIA:	ANIVERSARIANTES DO DIA:	ANIVERSARIANTES DO DIA:
manhã	manhã	manhã	manhã
tarde	tarde	tarde	tarde
noite	noite	noite	noite

Semana abençoada

Metas da semana

Motivos de oração

Comprar

Ideias

Prepare-se para uma semana de valorização

Leitura: Lucas 15

Amor inesgotável

Alegrem-se comigo, pois encontrei minha ovelha perdida!
Lucas 15:6

Com 19 anos e sem celular mudei-me e fui estudar distante da minha mãe. Certa manhã, saí cedo esquecendo-me de nossa chamada telefônica programada. Naquela noite, dois policiais vieram até a minha porta. Mamãe estava preocupada porque eu nunca havia perdido uma das nossas conversas. Depois de ligar repetidamente e receber o sinal de ocupado, ela procurou ajuda e insistiu que me checassem. Um dos policiais me disse: "É uma bênção saber que o amor não vai parar de alcançá-la".

Quando peguei o telefone para ligar para minha mãe, percebi que tinha deixado acidentalmente o receptor fora de sua base. Depois que me desculpei, ela disse que precisava divulgar as boas-novas para a família e amigos, pois ela os havia informado de que eu estava *desaparecida*. Desliguei pensando que ela tinha exagerado um pouco, embora fosse bom ser amada assim.

As Escrituras revelam uma bela imagem de Deus, que é Amor, e é compassivo com Seus filhos errantes. Como um bom pastor, o Senhor se preocupa e procura todas as ovelhas perdidas, afirmando o valor inestimável de todo filho amado de Deus (Lucas 15:1-7).

O Amor nunca para de nos procurar e nos busca até que voltemos para o Senhor. Podemos orar por outras pessoas que precisam saber que o Amor — Deus — nunca deixa de buscá-las também.

Xochitl Dixon

Setembro

DOM	SEG	TER
ANIVERSARIANTES DO DIA:	ANIVERSARIANTES DO DIA:	ANIVERSARIANTES DO DIA:
manhã	manhã	manhã
tarde	tarde	tarde
noite	noite	noite

QUA	QUI	SEX	SÁB
ANIVERSARIANTES DO DIA:	ANIVERSARIANTES DO DIA:	ANIVERSARIANTES DO DIA:	ANIVERSARIANTES DO DIA:
manhã	manhã	manhã	manhã
tarde	tarde	tarde	tarde
noite	noite	noite	noite

Semana abençoada

Metas da semana

-
-
-
-
-
-
-
-
-
-
-
-
-
-

Motivos de oração

-
-
-
-
-
-
-
-
-
-
-
-
-
-

Comprar

-
-
-
-
-
-
-
-

Ideias

-
-
-
-
-
-
-
-

Prepare-se para uma semana de apoio

LEITURA: Eclesiastes 4

A melhor estratégia para a vida

*Sozinha, a pessoa corre o risco [...],
mas duas pessoas juntas podem se defender melhor.*

ECLESIASTES 4:12

Observávamos o jogo de basquete da minha filha quando ouvimos o treinador dizer uma única palavra para as jogadoras: "Duplas". Imediatamente, a estratégia defensiva mudou de um contra um para duas jogadoras contra a oponente que segurava a bola. Elas foram bem-sucedidas em frustrar os esforços da oponente para lançar e marcar; eventualmente, a dupla levou a bola à sua cesta.

Quando Salomão lida com as labutas e frustrações do mundo, ele também reconhece que ter companhia no trabalho produz "sucesso" (ECLESIASTES 4:9). Uma pessoa que luta sozinha pode ser "…vencida, mas duas pessoas juntas podem se defender melhor" (v.12). Um amigo próximo pode nos ajudar quando caímos (v.10).

As palavras de Salomão nos incentivam a compartilhar nossa jornada, para que não enfrentemos as provações sozinhos. Isso pode exigir de nós um nível de vulnerabilidade com o qual não estamos familiarizados nem confortáveis. Outros dentre nós anseiam por esse tipo de intimidade e lutam para encontrar amigos com quem compartilhar. Seja qual for o caso, não devemos desistir do esforço.

Salomão e os treinadores de basquete concordam: os colegas de equipe ao nosso redor são a melhor estratégia para enfrentarmos as lutas que surgem na quadra e na vida. Senhor, obrigado por aqueles que nos encorajam e apoiam.

Kirsten Holmberg

Setembro

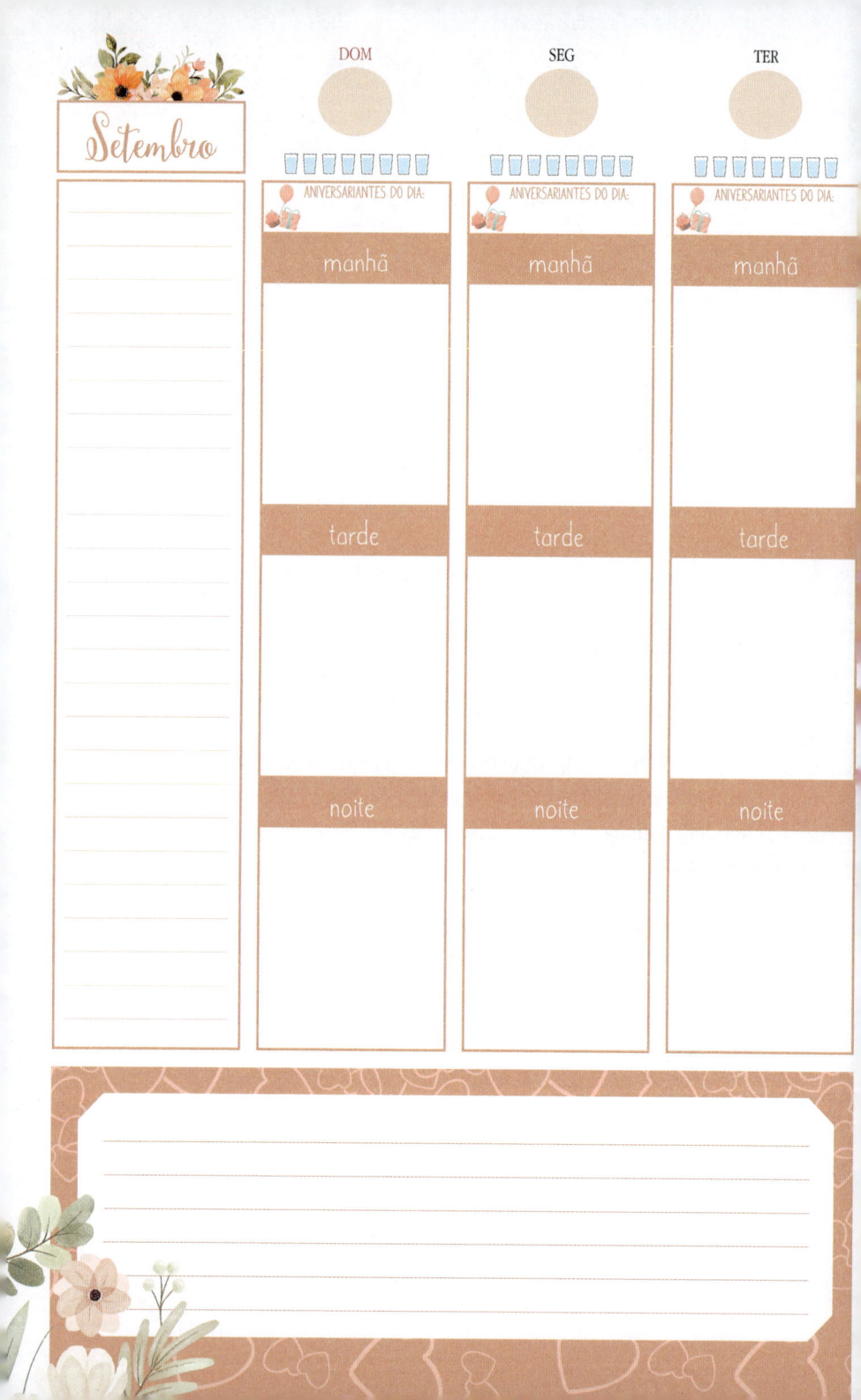

DOM	SEG	TER
ANIVERSARIANTES DO DIA:	ANIVERSARIANTES DO DIA:	ANIVERSARIANTES DO DIA:
manhã	manhã	manhã
tarde	tarde	tarde
noite	noite	noite

QUA	QUI	SEX	SÁB
ANIVERSARIANTES DO DIA:	ANIVERSARIANTES DO DIA:	ANIVERSARIANTES DO DIA:	ANIVERSARIANTES DO DIA:
manhã	manhã	manhã	manhã
tarde	tarde	tarde	tarde
noite	noite	noite	noite

Planejamento outubro

DOM	SEG	TER

Porque Deus amou tanto o mundo que deu seu Filho único, para que todo o que nele crer não pereça, mas tenha a vida eterna. – João 3:16

Planejamento outubro

QUA	QUI	SEX	SÁB

Testemunhar sobre Cristo nunca está fora de época.

Objetivos para outubro

A porta não foi reformada. Ela continua estreita. Negar-se a si mesma ainda é válido.

Semana abençoada

Metas da semana

-
-
-
-
-
-
-
-
-
-
-
-
-
-

Motivos de oração

-
-
-
-
-
-
-
-
-
-
-
-
-
-

Comprar

-
-
-
-
-
-
-
-
-
-

Ideias

-
-
-
-
-
-
-
-
-
-

Prepare-se para uma semana de exortação em amor

Leitura: João 4

Uma crítica gentil

Pois a lei foi dada por meio de Moisés, mas a graça e a verdade vieram por meio de Jesus Cristo.
João 4:17

Na aula de pintura de paisagem, o professor, profissional e experiente, avaliou minha primeira tarefa. Com a mão no queixo, silenciou na frente do meu quadro e pensei: *Aqui vamos nós, ele vai dizer que é terrível*. Mas ele não o fez.

Ele gostou do esquema de cores, da sensação de abertura e disse que as árvores à distância poderiam ser iluminadas. As ervas daninhas precisavam de bordas mais suaves. Ele tinha autoridade para criticar o meu trabalho com base nas regras de perspectiva e cor, e sua crítica era honesta e gentil.

Jesus era perfeitamente qualificado para condenar as pessoas por seus pecados, mas não usou os Dez Mandamentos para condenar a mulher samaritana que conheceu num antigo poço de água. Ele gentilmente criticou sua vida com poucas declarações, e ela reconheceu como a sua busca por satisfação a levara ao pecado. Com base nessa consciência, Jesus revelou-se como a única fonte de satisfação eterna (João 4:10-13).

Experimentamos essa combinação de graça e verdade que Jesus usou nessa situação em *nosso* relacionamento com Ele (1:17). Sua graça nos impede de sermos oprimidos por nossos pecados e Sua verdade evita que pensemos que o assunto não seja sério.

Convidemos Jesus para nos mostrar onde precisamos crescer para nos tornarmos mais semelhantes a Ele.

Jennifer Benson Schuldt

Outubro

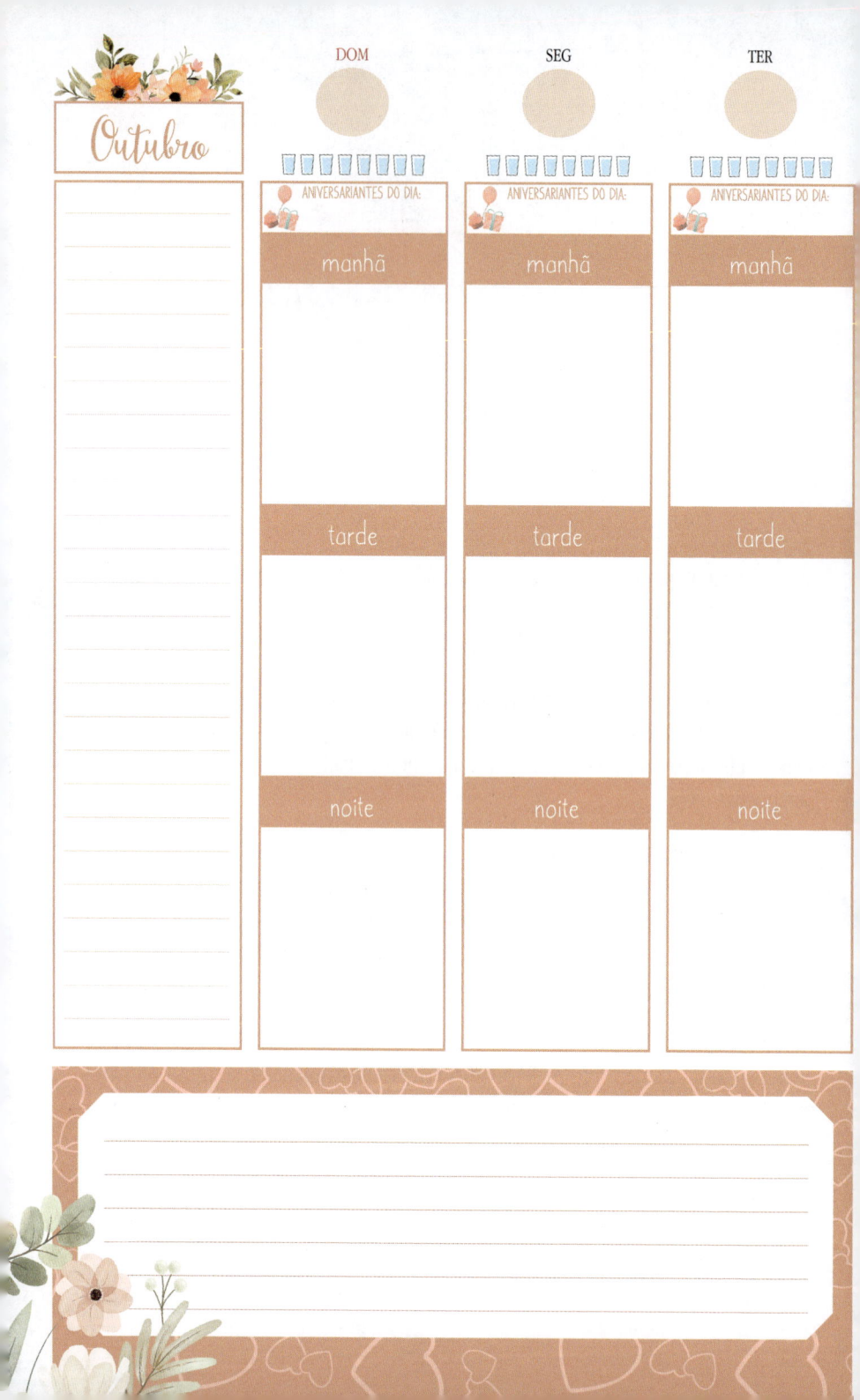

DOM	SEG	TER
ANIVERSARIANTES DO DIA:	ANIVERSARIANTES DO DIA:	ANIVERSARIANTES DO DIA:
manhã	manhã	manhã
tarde	tarde	tarde
noite	noite	noite

QUA	QUI	SEX	SÁB
ANIVERSARIANTES DO DIA:	ANIVERSARIANTES DO DIA:	ANIVERSARIANTES DO DIA:	ANIVERSARIANTES DO DIA:
manhã	manhã	manhã	manhã
tarde	tarde	tarde	tarde
noite	noite	noite	noite

Semana abençoada

Metas da semana

Motivos de oração

Comprar

Ideias

Prepare-se para uma semana de amor sacrificial

Leitura: 1 João 4

Abraço de urso

...Deus é amor...
1 João 4:16

O amor embutido num gigantesco "urso" de pelúcia fora um presente para o meu neto ainda bebê. Ele primeiro se maravilhou, e depois, empolgou-se. Curioso, cutucou o urso explorando-o com ousadia. Ele enfiou o dedo gorducho no nariz desse boneco, e quando este caiu para a frente em seus braços, ele reagiu com alegria deitando sua cabeça no peito macio do urso abraçando-o com força. Um sorriso com covinhas se espalhou por suas bochechas enquanto ele se enterrava na maciez do urso. A criança não tinha ideia da incapacidade do urso de realmente amá-lo. Inocente e com naturalidade, ele sentiu o amor do bicho de pelúcia e reagiu com o coração.

Na primeira das três cartas aos primeiros cristãos, o apóstolo João afirma ousadamente que o próprio Deus é amor. "Conhecemos e confiamos no amor que Deus tem por nós", escreve ele. "Deus é amor" (1 João 4:16).

Deus ama. Não com a maciez de um animal de pelúcia, mas, sim, com os braços estendidos de um ser humano real envolvendo o coração quebrantado (3:16). Em Jesus, Deus comunicou o Seu amor exuberante e sacrificial por nós.

João prossegue: "Nós amamos porque ele nos amou primeiro" (v.19). Quando acreditamos que somos amados, amamos em retribuição. O verdadeiro amor de Deus possibilita que amemos a Deus e aos outros, com todo o nosso coração.

Elisa Morgan

Outubro

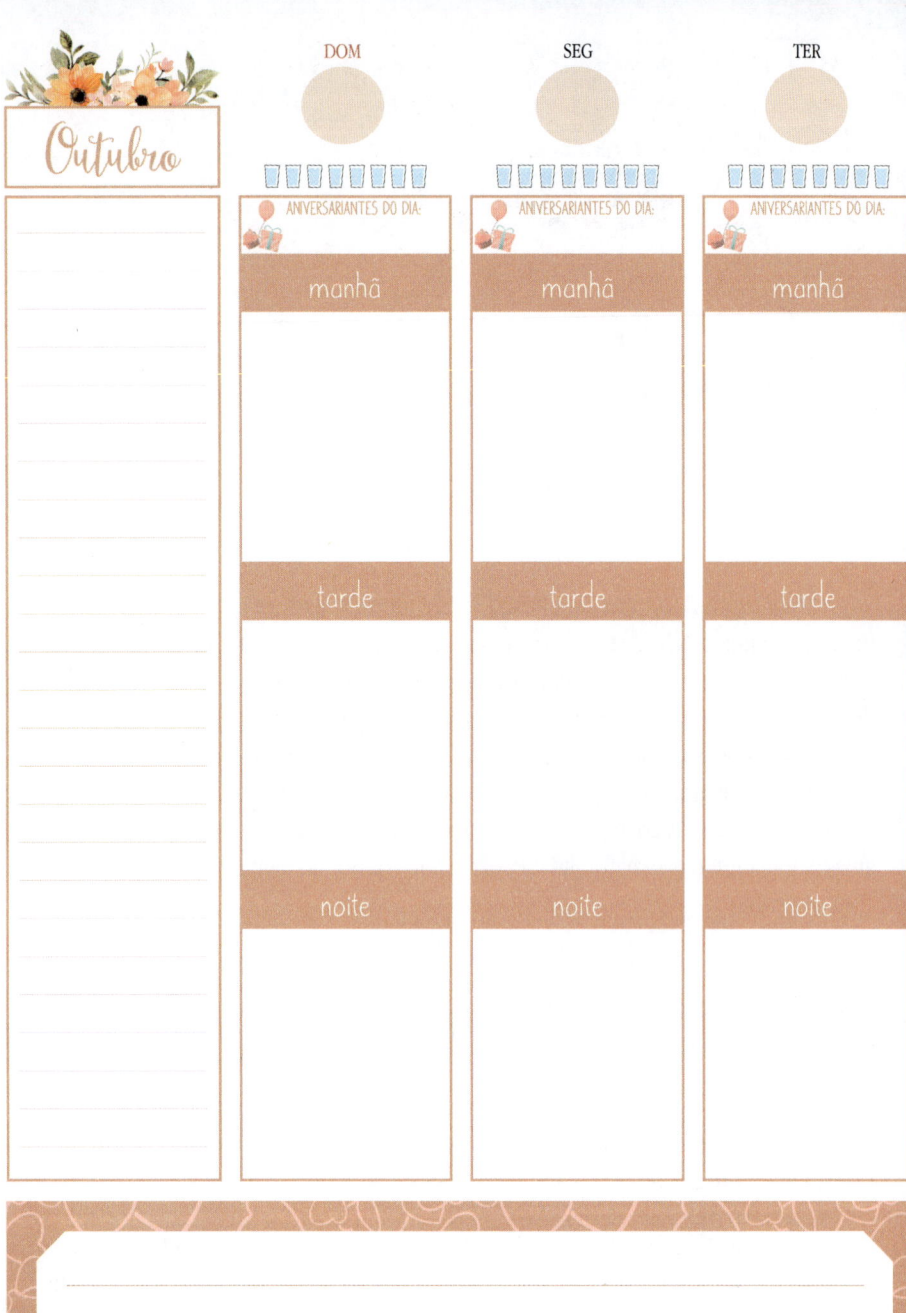

DOM	SEG	TER

ANIVERSARIANTES DO DIA:

manhã

tarde

noite

QUA	QUI	SEX	SÁB
ANIVERSARIANTES DO DIA:	ANIVERSARIANTES DO DIA:	ANIVERSARIANTES DO DIA:	ANIVERSARIANTES DO DIA:
manhã	manhã	manhã	manhã
tarde	tarde	tarde	tarde
noite	noite	noite	noite

Semana abençoada

Metas da semana

-
-
-
-
-
-
-
-
-
-
-
-
-
-
-

Motivos de oração

-
-
-
-
-
-
-
-
-
-
-
-
-
-
-

Comprar

-
-
-
-
-
-
-
-
-

Ideias

-
-
-
-
-
-
-
-
-

Prepare-se para uma semana de interdependência

LEITURA: Colossenses 3

Precisamos uns dos outros

...que a paz de Cristo governe o seu coração, pois, [...] vocês são chamados a viver em paz.

COLOSSENSES 3:15

Enquanto caminhava com meus filhos, descobrimos uma planta verde clara e macia crescendo em pequenas moitas na trilha. De acordo com uma placa indicativa, a planta é comumente chamada de musgo de cervo, mas na verdade não é um musgo. É um líquen; um fungo e uma alga que crescem juntos em uma relação mutualística na qual ambos os organismos se beneficiam um do outro. Nem o fungo, nem a alga conseguem sobreviver por conta própria, mas juntos formam uma planta resistente que pode viver em algumas áreas alpinas por até 4500 anos. Como a planta pode resistir à seca e às baixas temperaturas, ela é uma das únicas fontes de alimento para o caribu (rena) no inverno intenso.

A relação entre o fungo e a alga me faz lembrar de nossas relações humanas. Confiamos um no outro. Para crescer e florescer, precisamos nos relacionar uns com os outros.

Paulo descreve como nossos relacionamentos devem ser. Devemos nos revestir de "compaixão, bondade, humildade, mansidão e paciência" (COLOSSENSES 3:12). Devemos perdoar uns aos outros e viver em paz "como membros do mesmo corpo" (v.15).

Nem sempre é fácil viver em paz com nossas famílias ou amigos. Mas, quando o Espírito nos capacita a exibir humildade e perdão em nossos relacionamentos, nosso amor um pelo outro honra a Cristo (JOÃO 13:35) e traz glória a Deus.

Amy Peterson

Outubro

DOM	SEG	TER
ANIVERSARIANTES DO DIA:	ANIVERSARIANTES DO DIA:	ANIVERSARIANTES DO DIA:
manhã	manhã	manhã
tarde	tarde	tarde
noite	noite	noite

QUA	QUI	SEX	SÁB
ANIVERSARIANTES DO DIA:	ANIVERSARIANTES DO DIA:	ANIVERSARIANTES DO DIA:	ANIVERSARIANTES DO DIA:
manhã	manhã	manhã	manhã
tarde	tarde	tarde	tarde
noite	noite	noite	noite

Semana abençoada

Metas da semana

Motivos de oração

Comprar

Ideias

Prepare-se para uma semana de liberdade

LEITURA: João 11

A fuga divina

Daquele dia em diante, começaram a tramar a morte de Jesus.
João 11:53

No livro de Agatha Christie, *Os relógios* (Ed. Globo, 2014), os antagonistas cometem assassinatos em série. A trama visava uma única vítima, mas outras se foram para encobrir o crime original. Confrontado, o conspirador confessou: "Era para ser um único assassinato".

Após Jesus ressuscitar Lázaro (João 11:38-44), as autoridades religiosas também formaram uma conspiração própria. Convocaram uma reunião de emergência e planejaram matar o Senhor (vv.45-53). E não pararam por aí. Depois que Jesus ressuscitou, os líderes religiosos espalharam mentiras sobre o que acontecera no túmulo (Mateus 28:12-15). Em seguida, eles tentaram silenciar os seguidores de Jesus (Atos 7:57–8:3). O que começou como conspiração religiosa contra um homem pelo "bem maior" da nação tornou-se uma rede de mentiras, enganos e múltiplas vítimas.

O pecado nos mergulha por uma estrada que muitas vezes não vemos o fim, mas Deus sempre oferece uma maneira de escapar. Quando Caifás, o sumo sacerdote, disse: "É melhor para vocês que um homem morra pelo povo em vez de a nação inteira ser destruída" (João 11:50), ele não entendia a profunda verdade de suas palavras. A conspiração dos líderes religiosos ajudaria a trazer a redenção da humanidade.

Jesus nos salva do vício do pecado. Você recebeu a liberdade que Ele oferece?

Remi Oydele

Outubro

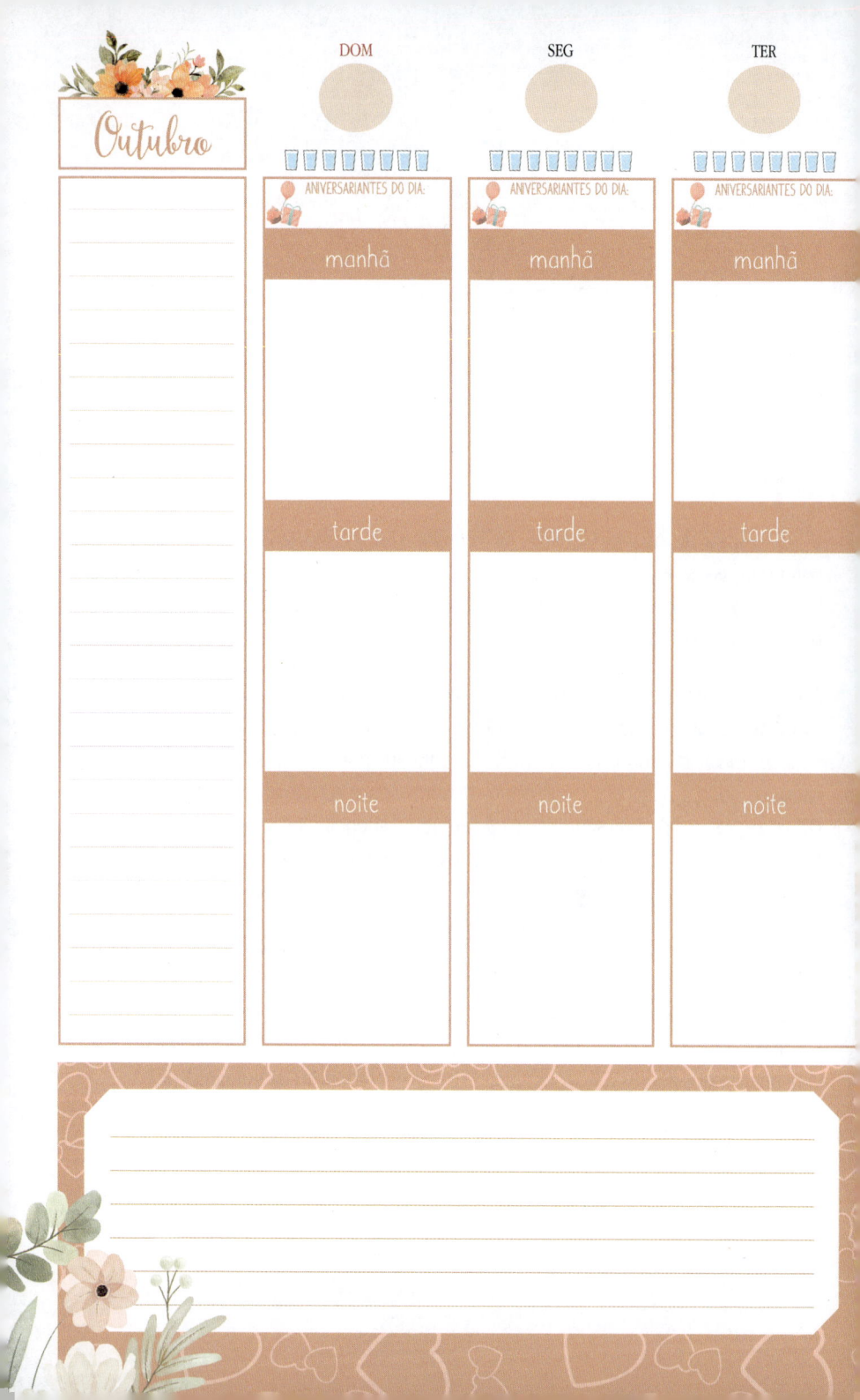

DOM	SEG	TER
ANIVERSARIANTES DO DIA:	ANIVERSARIANTES DO DIA:	ANIVERSARIANTES DO DIA:
manhã	manhã	manhã
tarde	tarde	tarde
noite	noite	noite

QUA	QUI	SEX	SÁB
ANIVERSARIANTES DO DIA:	ANIVERSARIANTES DO DIA:	ANIVERSARIANTES DO DIA:	ANIVERSARIANTES DO DIA:
manhã	manhã	manhã	manhã
tarde	tarde	tarde	tarde
noite	noite	noite	noite

Semana abençoada

Metas da semana

Motivos de oração

Comprar

Ideias

Prepare-se para uma semana de compaixão

Leitura: João 8

Jogando pedras

Aquele de vocês que nunca pecou atire a primeira pedra
João 8:7

Lisa não sentia simpatia por aqueles que traíam seu cônjuge, até que ela se viu profundamente insatisfeita com seu casamento e lutando para resistir a uma atração perigosa. Essa experiência dolorosa ajudou-a a ter renovada compaixão pelos outros e maior compreensão das palavras de Cristo: "Aquele de vocês que nunca pecou atire a primeira pedra" (João 8:7).

Jesus fez essa declaração quando ensinava nos pátios do Templo. Um grupo de mestres da Lei e fariseus tinha acabado de arrastar uma mulher apanhada em adultério à presença dele e desafiou: "A lei de Moisés ordena que ela seja apedrejada. O que o senhor diz?" (v.5). Por considerarem que Jesus era uma ameaça à sua autoridade, a questão era uma "…armadilha, ao fazê-lo dizer algo que pudessem usar contra ele" (v.6) e livrar-se dele.

No entanto, quando Jesus respondeu: "Aquele de vocês que nunca pecou…" nenhum dos acusadores da mulher conseguiu pegar uma pedra. Um por um, eles se afastaram.

Antes de julgarmos criticamente o comportamento do outro, olhemos de leve para o nosso próprio pecado e lembremo-nos de que todos nós não alcançamos "o padrão da glória de Deus" (Romanos 3:23). Em vez de condenação, nosso Salvador mostrou a essa mulher, e a você e a mim, graça e esperança (João 3:16; 8:10-11). Como podemos deixar de fazer o mesmo pelos outros?

Alyson Kieda

Outubro

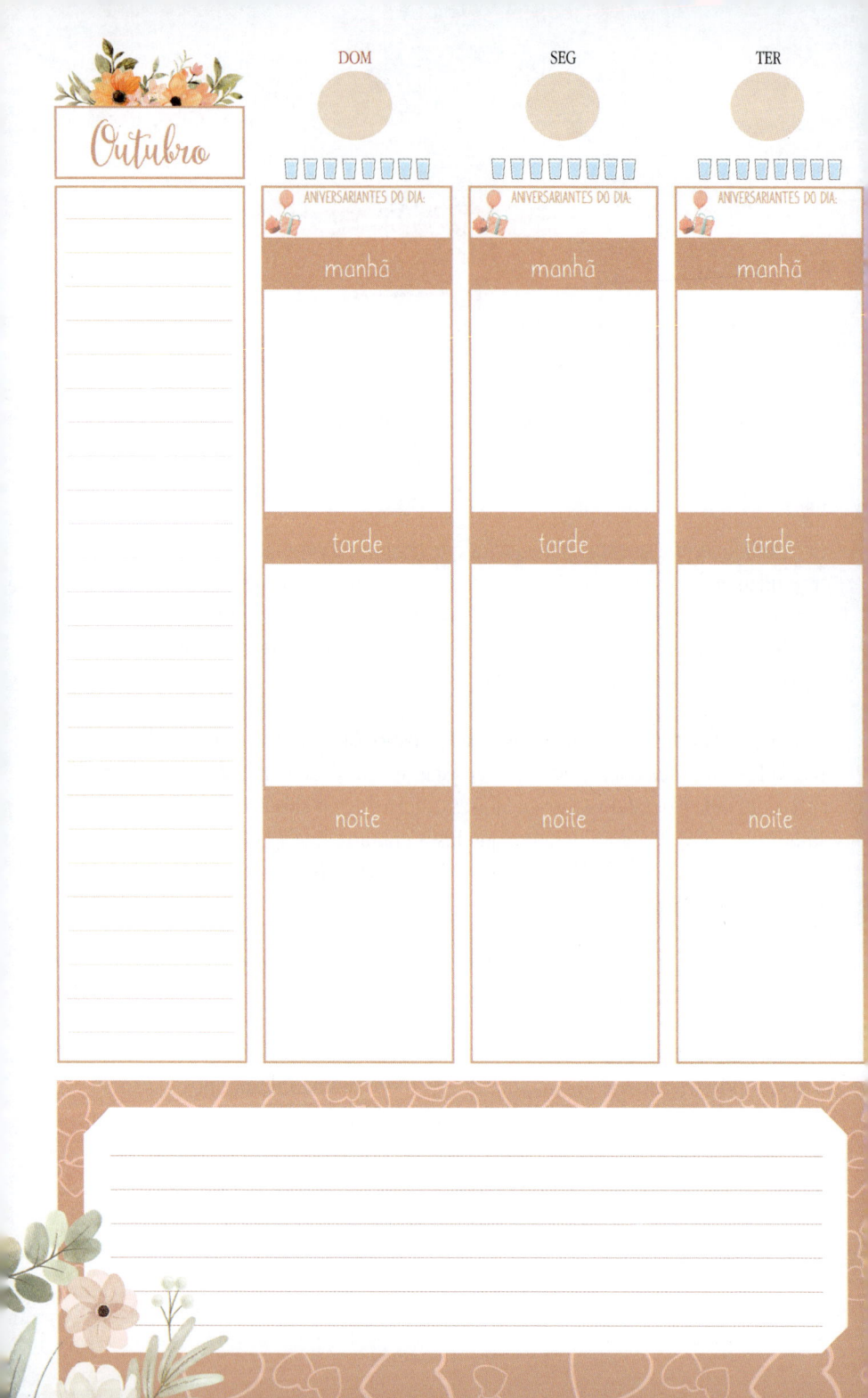

DOM	SEG	TER
ANIVERSARIANTES DO DIA:	ANIVERSARIANTES DO DIA:	ANIVERSARIANTES DO DIA:
manhã	manhã	manhã
tarde	tarde	tarde
noite	noite	noite

QUA	QUI	SEX	SÁB
ANIVERSARIANTES DO DIA:	ANIVERSARIANTES DO DIA:	ANIVERSARIANTES DO DIA:	ANIVERSARIANTES DO DIA:
manhã	manhã	manhã	manhã
tarde	tarde	tarde	tarde
noite	noite	noite	noite

Semana abençoada

Metas da semana

-
-
-
-
-
-
-
-
-
-
-
-
-
-
-

Motivos de oração

-
-
-
-
-
-
-
-
-
-
-
-
-
-
-

Comprar

-
-
-
-
-
-
-
-
-

Ideias

-
-
-
-
-
-
-
-
-

Prepare-se para uma semana de verdades
Leitura: João 8

Deus salvou minha vida

Quando ele mente, age de acordo com seu caráter, pois é mentiroso e pai da mentira.
João 8:44

Aos 15 anos, Arão começou a invocar a Satanás e relatou: "Senti como se nós fôssemos parceiros". Arão começou a mentir, roubar e manipular sua família e amigos. Ele também tinha pesadelos: "Certa manhã acordei e vi o diabo ao pé da cama. Ele me disse que eu passaria nas provas escolares, mas que depois morreria. No entanto, quando terminei meus exames, continuei vivo". E concluiu: "Ficou claro para mim que ele era um mentiroso".

Na esperança de conhecer garotas, Arão foi a um festival cristão, no qual um homem se ofereceu para orar por ele. "Enquanto ele orava, senti uma sensação de paz inundar o meu interior. Era algo mais poderoso e mais libertador do que o que sentira ao invocar Satanás". O homem que orou disse-lhe que Deus tinha um propósito para a vida dele e que Satanás era um mentiroso. Esse homem confirmou o que Jesus dissera sobre Satanás ao responder a seus opositores: ele "é mentiroso e pai da mentira" (João 8:44).

Arão saiu do satanismo e voltou-se para Cristo e agora "pertence a Deus" (v.47). Ele ministra em uma comunidade urbana e compartilha a diferença que faz seguir o Mestre Jesus. Hoje ele testemunha do poder salvador de Deus: "Posso dizer com confiança que Deus salvou a minha vida". Deus é a fonte de tudo o que é bom, sagrado e verdadeiro. Podemos nos voltar a Ele para encontrar a verdade.

Amy Boucher Pye

Outubro

DOM	SEG	TER
ANIVERSARIANTES DO DIA:	ANIVERSARIANTES DO DIA:	ANIVERSARIANTES DO DIA:
manhã	manhã	manhã
tarde	tarde	tarde
noite	noite	noite

QUA

ANIVERSARIANTES DO DIA:

manhã

tarde

noite

QUI

ANIVERSARIANTES DO DIA:

manhã

tarde

noite

SEX

ANIVERSARIANTES DO DIA:

manhã

tarde

noite

SÁB

ANIVERSARIANTES DO DIA:

manhã

tarde

noite

Planejamento novembro

DOM	SEG	TER

...nada, em toda a criação, jamais poderá nos separar do amor de Deus revelado em Cristo Jesus, nosso Senhor. —Romanos 8:39

Planejamento novembro

QUA	QUI	SEX	SÁB

O Senhor é o sustentador do Universo.

Objetivos para novembro

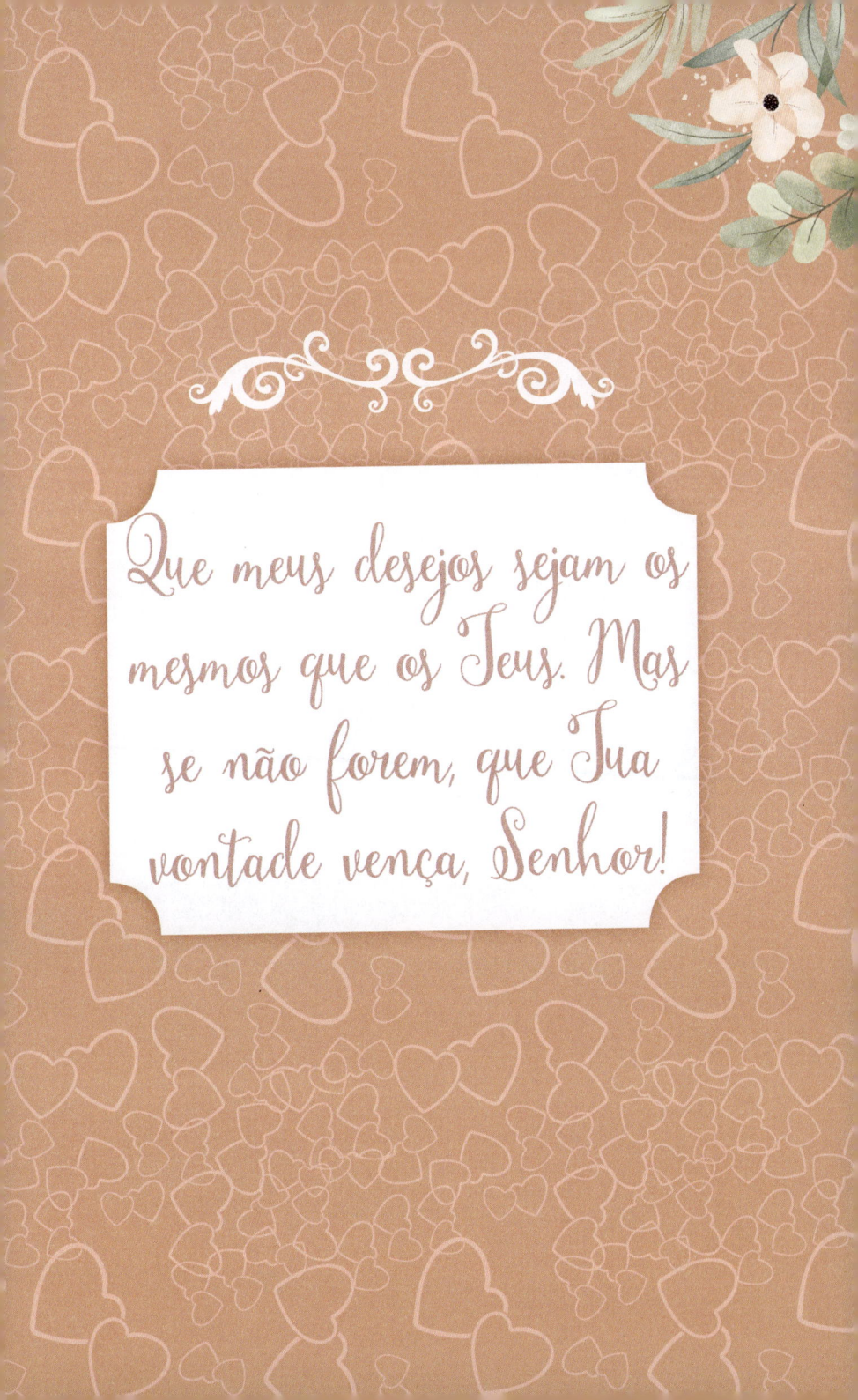

Que meus desejos sejam os mesmos que os Teus. Mas se não forem, que Tua vontade vença, Senhor!

Semana abençoada

Metas da semana

Motivos de oração

Comprar

Ideias

Prepare-se para uma semana de comunhão

Leitura: João 14

Nunca sozinho

E eu pedirei ao Pai, e ele lhes dará outro Encorajador. [...] É o Espírito da verdade.

João 14:16-17

Enquanto escrevia um guia bíblico para os pastores na Indonésia, um amigo escritor ficou fascinado com a cultura de união daquela nação. Chamado de *gotong royong*, que significa "assistência mútua", o conceito é praticado em aldeias. Os vizinhos trabalham juntos para consertar o telhado de alguém ou reconstruir uma ponte ou caminho. Nas cidades também, meu amigo disse: "As pessoas acompanham a outra numa consulta médica, por exemplo. Essa prática é cultural. Então você nunca está sozinho".

Em todo o mundo, os cristãos se alegram em saber que também nunca estamos sozinhos. Nosso companheiro constante e para sempre é o Espírito Santo, a terceira pessoa da Trindade. Muito mais do que um amigo leal, o Espírito de Deus é dado a todo seguidor de Cristo pelo nosso Pai celestial "que nunca [nos] deixará" (João 14:16).

Jesus prometeu que o Espírito de Deus viria após o Seu próprio tempo na Terra findar. "Não os deixarei órfãos", disse Jesus (v.18). Em vez disso, o Espírito Santo, "o Espírito da Verdade" que "habita com vocês agora e depois estará em vocês", apela para cada um de nós que recebe a Cristo como Salvador (v.17).

O Espírito Santo é o nosso Ajudador, Consolador, Encorajador e Conselheiro, um companheiro constante neste mundo onde a solidão aflige tantos. Que possamos permanecer eternamente em Seu reconfortante amor e ajuda.

Patrícia Raybon

Novembro

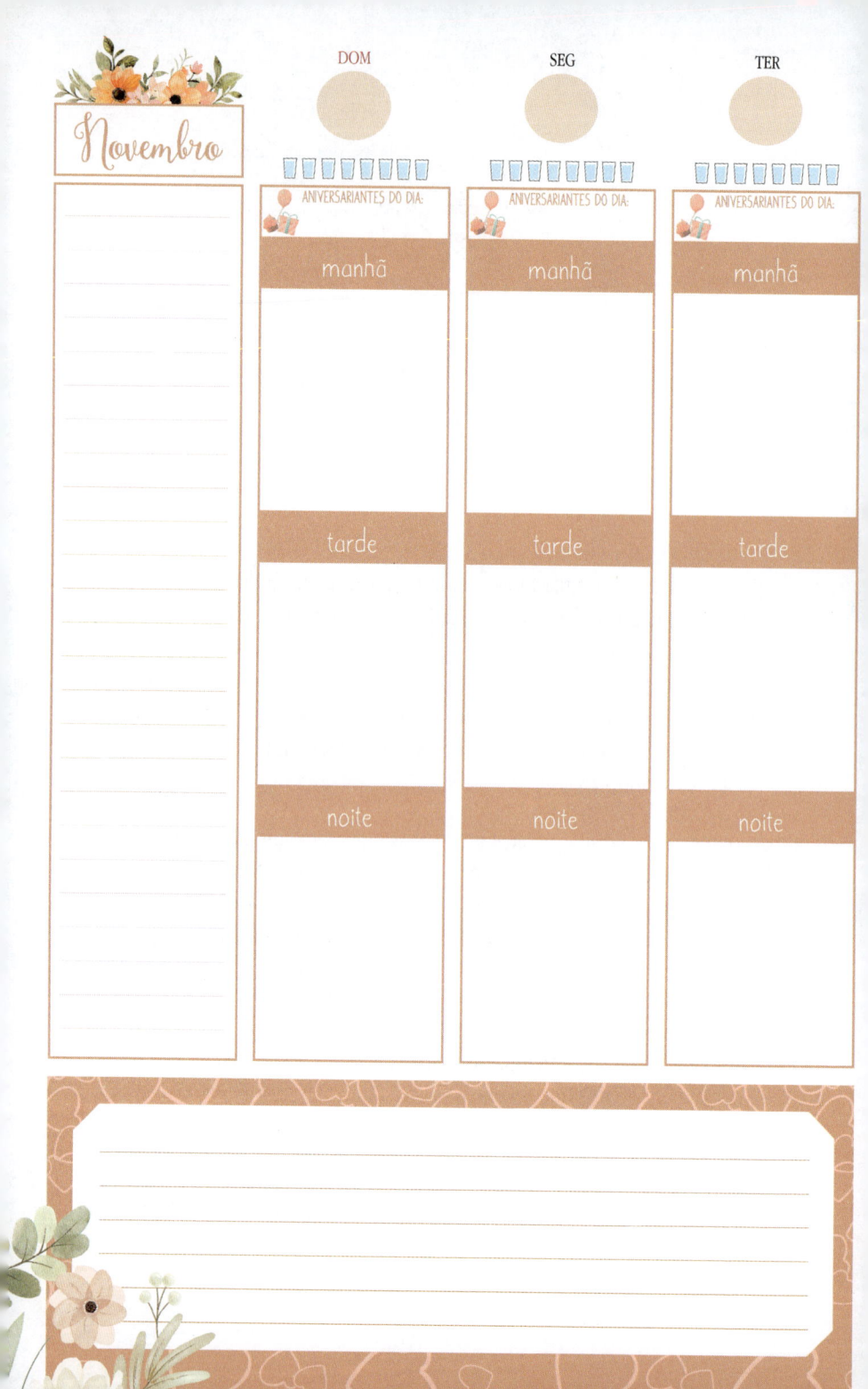

DOM	SEG	TER
ANIVERSARIANTES DO DIA:	ANIVERSARIANTES DO DIA:	ANIVERSARIANTES DO DIA:
manhã	manhã	manhã
tarde	tarde	tarde
noite	noite	noite

QUA	QUI	SEX	SÁB
ANIVERSARIANTES DO DIA:	ANIVERSARIANTES DO DIA:	ANIVERSARIANTES DO DIA:	ANIVERSARIANTES DO DIA:
manhã	manhã	manhã	manhã
tarde	tarde	tarde	tarde
noite	noite	noite	noite

Semana abençoada

Metas da semana

Motivos de oração

Comprar

Ideias

Prepare-se para uma semana de libertação do medo

Leitura: 1 João 4

Amor destemido

Nós amamos porque ele nos amou primeiro.
1 João 4:19

Por anos usei o medo para proteger-me. Tornou-se a minha desculpa para evitar coisas novas, seguir meus sonhos e obedecer a Deus. Mas o medo da perda, mágoa e rejeição me impediram de desenvolver relacionamentos com Deus e com os outros. Isso tornou-me uma esposa insegura, ansiosa, ciumenta e uma mãe superprotetora. Enquanto aprendo sobre o quanto Deus me ama, Ele muda a maneira como me relaciono com Ele e com os outros. Por saber que Deus cuidará de mim, sinto-me mais segura e disposta a colocar as necessidades dos outros antes das minhas.

Deus é amor (1 João 4:7-8). A morte de Cristo na cruz, a demonstração suprema do amor, mostra a profundidade de Sua paixão por nós (vv.9-10). Podemos amar os outros com base em quem Ele é e no que Ele faz porque Deus nos ama e vive em nós (vv.11-12).

Jesus nos concede o Seu Espírito Santo quando o recebemos como Salvador (vv.13-15). Quando o Espírito nos ajuda a conhecer e confiar no amor de Deus, Ele nos torna mais semelhantes a Jesus (vv.16,17). Crescer em confiança e fé pode gradualmente eliminar o medo, porque sabemos, sem sombra de dúvida, que Deus nos ama profunda e completamente (vv.18,19).

Ao experimentarmos o amor pessoal e incondicional de Deus por nós, amadurecemos e nos arriscamos a nos relacionarmos com Ele e com os outros com amor destemido.

Xochitl Dixon

Novembro

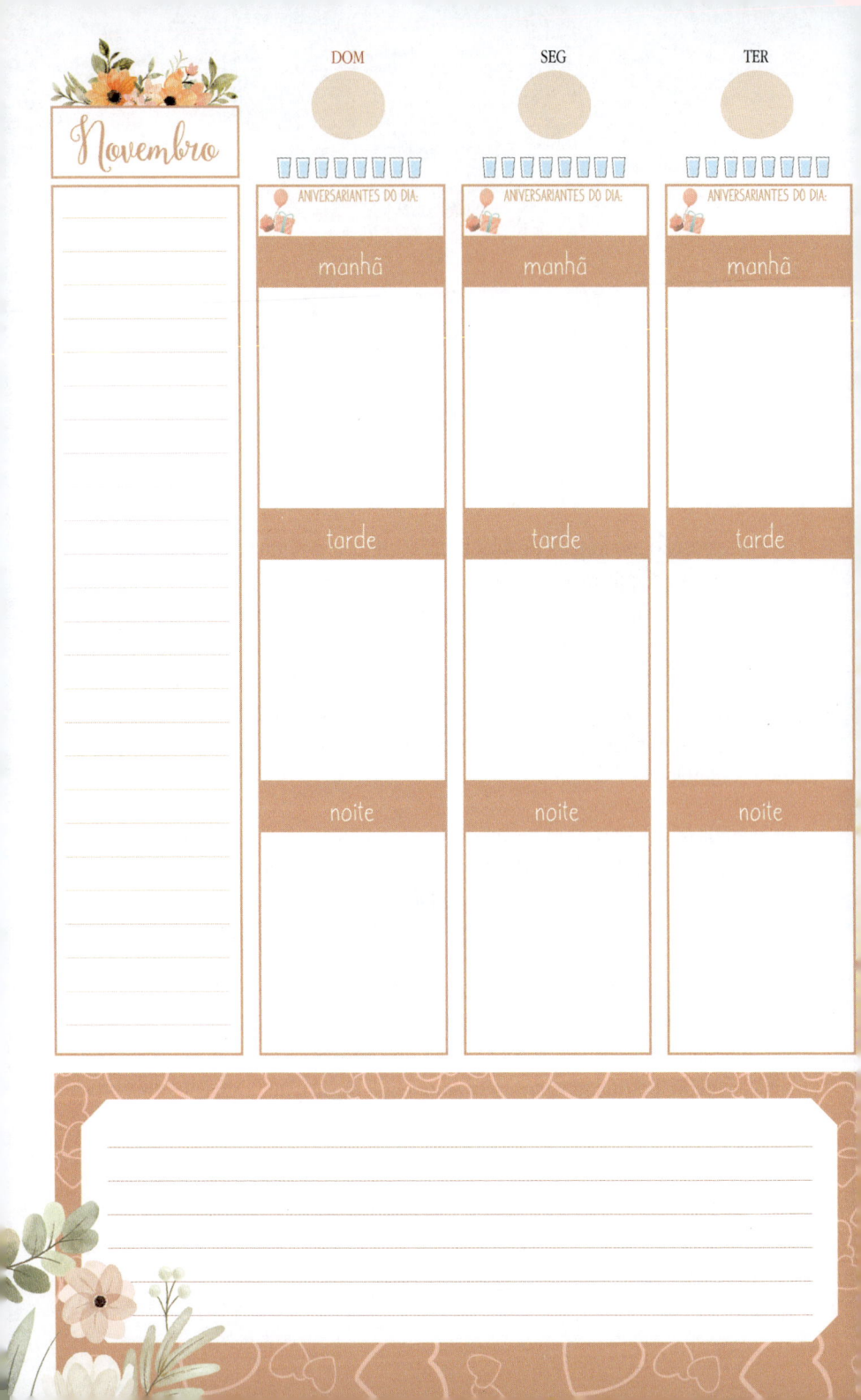

	DOM	SEG	TER
	ANIVERSARIANTES DO DIA:	ANIVERSARIANTES DO DIA:	ANIVERSARIANTES DO DIA:
	manhã	manhã	manhã
	tarde	tarde	tarde
	noite	noite	noite

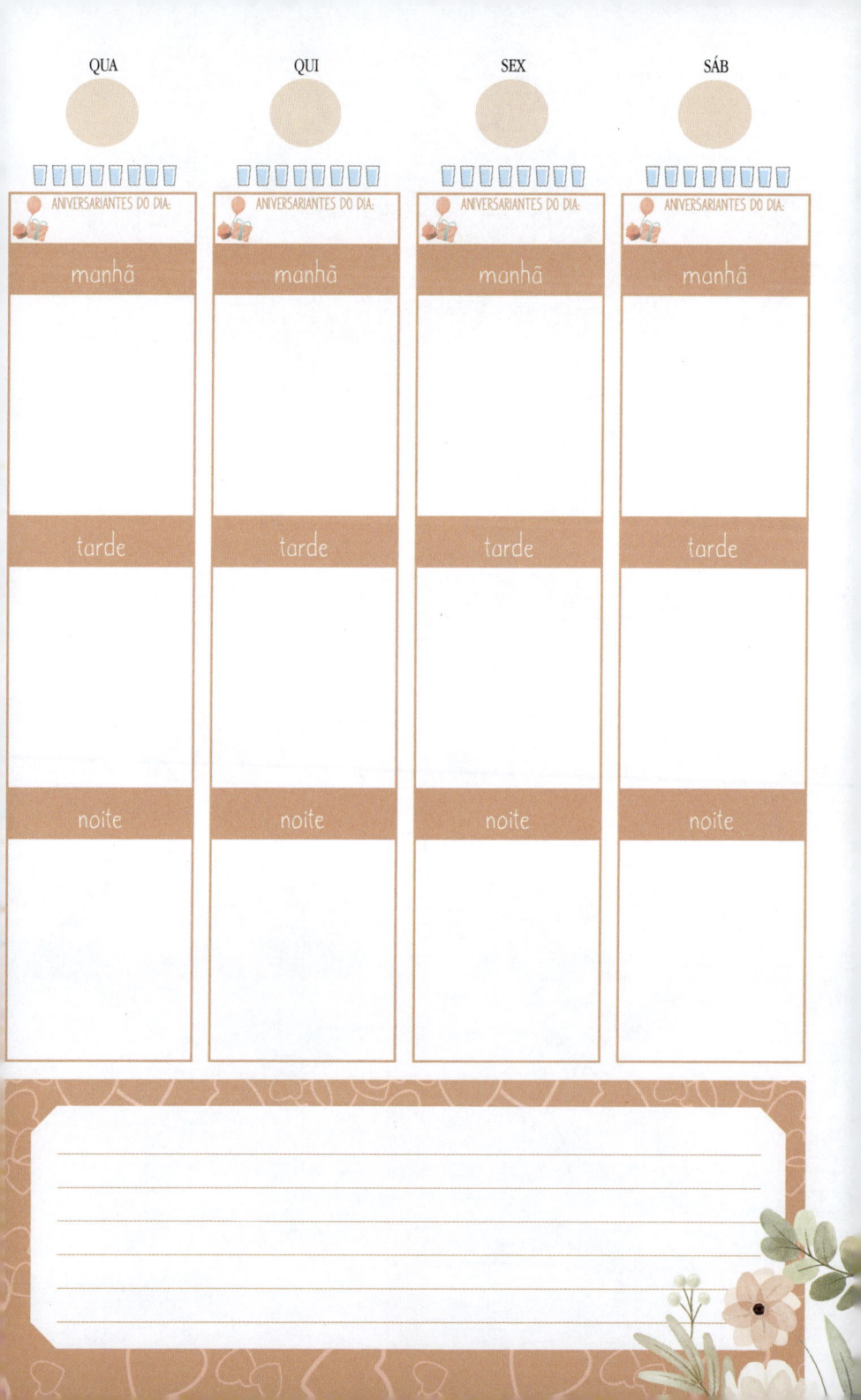

QUA	QUI	SEX	SÁB
ANIVERSARIANTES DO DIA:	ANIVERSARIANTES DO DIA:	ANIVERSARIANTES DO DIA:	ANIVERSARIANTES DO DIA:
manhã	manhã	manhã	manhã
tarde	tarde	tarde	tarde
noite	noite	noite	noite

Semana abençoada

Metas da semana

Motivos de oração

Comprar

Ideias

Prepare-se para uma semana de generosidade
Leitura: Deuteronômio 15

Aqui para você

...ordeno que compartilhem seus bens generosamente com os pobres e com outros necessitados de sua terra.
DEUTERONÔMIO 15:11

Em Paris e em muitas cidades ao redor do mundo, as pessoas auxiliam os sem-teto em suas comunidades. Elas penduram roupas dentro de bolsas impermeáveis em cercas e varais em lugares públicos para os que vivem nas ruas satisfazerem suas necessidades. Com etiquetas dizendo: "Não estou perdida; São suas se você estiver com frio", as roupas aquecem os necessitados e ensinam sobre a importância de ajudar os sem-teto da comunidade.

A Bíblia destaca a importância de cuidar dos que são pobres instruindo-nos a sermos "mãos abertas" em relação a eles (DEUTERONÔMIO 15:11). Podemos ser impelidos a desviar nossos olhos para o sofrimento dos pobres, mantendo firmemente nossos recursos em vez de compartilhá-los. No entanto, Deus nos desafia a reconhecer que estaremos sempre cercados por aqueles que têm necessidades e, portanto, para reagirmos com generosidade, não com "má vontade" (v.10). Jesus diz que, ao dar aos pobres, recebemos um tesouro duradouro no Céu (LUCAS 12:33).

Nossa generosidade pode não ser reconhecida por ninguém além de Deus. No entanto, quando doamos livremente, não apenas satisfazemos as necessidades daqueles que nos rodeiam, mas também experimentamos a alegria que Deus deseja para nós ao provermos aos outros. Que o Senhor nos ajude a ter os olhos e mãos abertos para suprir as necessidades daqueles que Ele coloca em nossos caminhos!

Kirsten Holmberg

Novembro

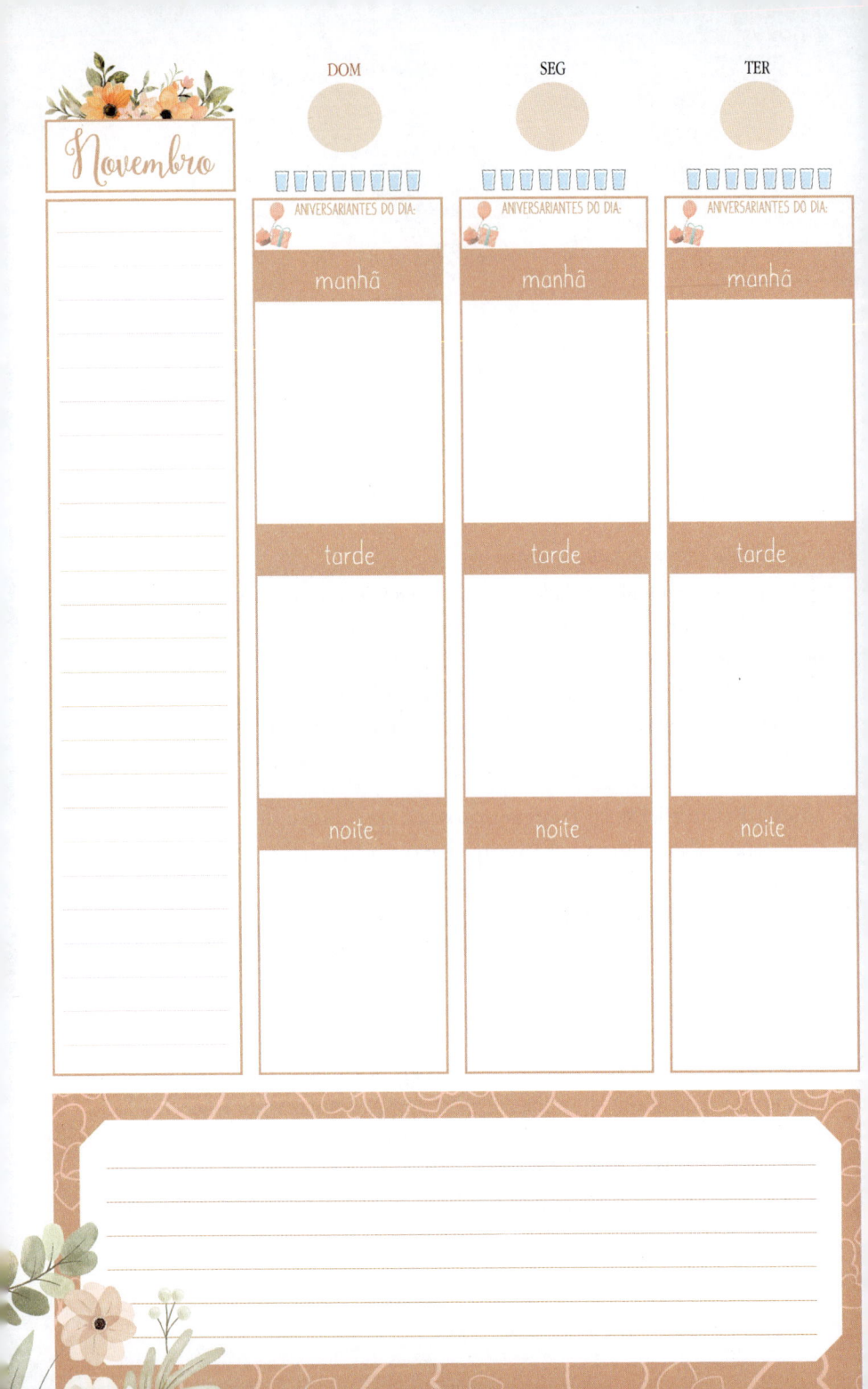

DOM	SEG	TER
ANIVERSARIANTES DO DIA:	ANIVERSARIANTES DO DIA:	ANIVERSARIANTES DO DIA:
manhã	manhã	manhã
tarde	tarde	tarde
noite	noite	noite

QUA	QUI	SEX	SÁB
ANIVERSARIANTES DO DIA:	ANIVERSARIANTES DO DIA:	ANIVERSARIANTES DO DIA:	ANIVERSARIANTES DO DIA:
manhã	manhã	manhã	manhã
tarde	tarde	tarde	tarde
noite	noite	noite	noite

Semana abençoada

Metas da semana

Motivos de oração

Comprar

Ideias

Prepare-se para uma semana de autoestima saudável

Leitura: Gênesis 1:26-31

À imagem de Deus

...Deus criou os seres humanos à sua própria imagem, à imagem de Deus os criou; homem e mulher os criou.

Gênesis 1:27

Quando a sua linda pele marrom começou a perder a sua cor, a jovem senhora se assustou, sentiu-se como se ela estivesse desaparecendo ou perdendo o seu "eu". Com maquiagem pesada, ela cobria o que chamava de suas "manchas" de pele mais claras causadas por vitiligo — a perda de melanina, pigmento da pele que lhe dá o tom.

Porém, certo dia, ela se perguntou: "Por que esconder? E confiando na força de Deus para aceitar-se, ela parou de usar maquiagem pesada. Logo, começou a receber atenção por sua autoconfiança. Por fim, tornou-se a primeira porta-voz do vitiligo para uma marca global de cosméticos. "É uma enorme bênção", disse a um apresentador de TV, acrescentando que sua fé, família e amigos são sua fonte de encorajamento.

A história dessa mulher nos convida a lembrar que cada um de nós foi criado à Sua imagem. "…Deus criou os seres humanos à sua própria imagem, à imagem de Deus os criou; homem e mulher os criou" (v.27). Não importa a nossa aparência exterior, todos nós somos portadores da imagem divina. Como Suas criaturas, refletimos Sua glória; e como cristãos estamos sendo transformados para representar Jesus neste mundo.

Você luta para amar a sua aparência? Olhe-se no espelho e sorria para Deus. Ele a criou à Sua imagem.

Patrícia Raybon

Novembro

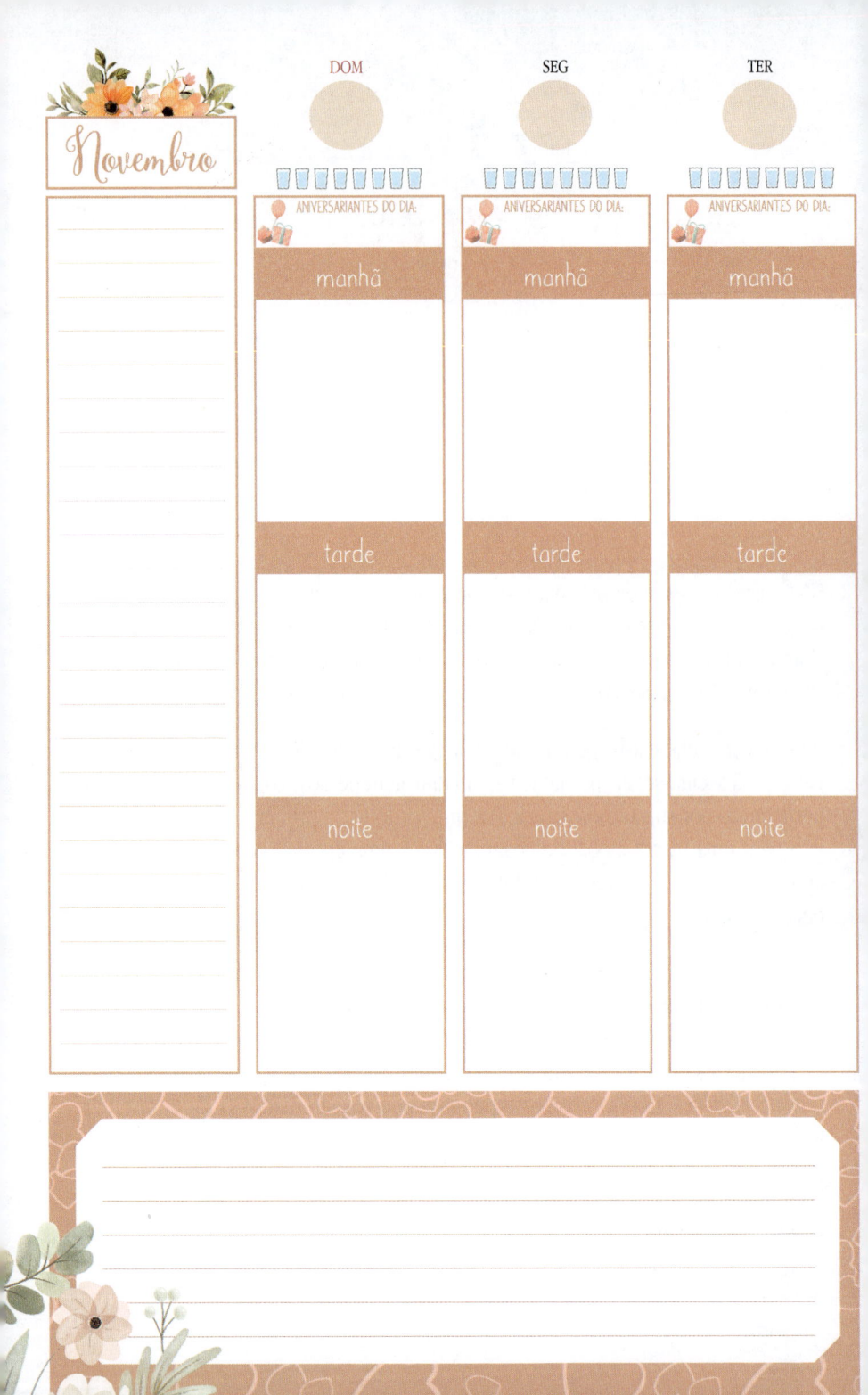

DOM	SEG	TER

ANIVERSARIANTES DO DIA:

manhã

tarde

noite

QUA	QUI	SEX	SÁB
ANIVERSARIANTES DO DIA:	ANIVERSARIANTES DO DIA:	ANIVERSARIANTES DO DIA:	ANIVERSARIANTES DO DIA:
manhã	manhã	manhã	manhã
tarde	tarde	tarde	tarde
noite	noite	noite	noite

Semana abençoada

Metas da semana

Motivos de oração

Comprar

Ideias

Prepare-se para uma semana de refrigério
Leitura: João 14

Podemos descansar?

...Portanto, não se aflijam nem tenham medo.
João 14:27

Daniel entrou no consultório da fisioterapeuta sabendo que sofreria muita dor. A terapeuta estendeu e dobrou o braço dele em posições que há meses, desde sua lesão, não tinham sido feitas. Depois de segurar cada posição desconfortável por alguns segundos, ela gentilmente lhe dizia: "Ok, pode descansar". Mais tarde, ele afirmou: "Acho que ouvi pelo menos 50 vezes em cada sessão de terapia: 'Ok, pode descansar'".

Pensando nessas palavras, Daniel percebeu que elas poderiam se aplicar ao restante de sua vida também. Ele poderia descansar na bondade e fidelidade de Deus em vez de se preocupar.

Quando Jesus se aproximava de Sua morte, Ele sabia que Seus discípulos precisariam aprender isso. Eles logo enfrentariam uma época de convulsão e perseguição. Para encorajá-los, Jesus disse que enviaria o Espírito Santo para viver com eles e lembrar-lhes do que Ele havia ensinado (João 14:26). E assim Ele pôde dizer: "Eu lhes deixo um presente, a minha plena paz [...] não se aflijam nem tenham medo" (v.27).

Há motivos suficientes para estarmos tensos em nossa vida cotidiana. Mas podemos aumentar a nossa confiança em Deus, lembrando-nos de que o Seu Espírito habita em nós e nos oferece a Sua paz. Firmando-nos em Sua força, podemos ouvi-lo nas palavras da terapeuta: "Ok, pode descansar".

Anne Cetas

Novembro

DOM	SEG	TER

ANIVERSARIANTES DO DIA:

manhã

tarde

noite

ANIVERSARIANTES DO DIA:

manhã

tarde

noite

ANIVERSARIANTES DO DIA:

manhã

tarde

noite

QUA	QUI	SEX	SÁB
ANIVERSARIANTES DO DIA:	ANIVERSARIANTES DO DIA:	ANIVERSARIANTES DO DIA:	ANIVERSARIANTES DO DIA:
manhã	manhã	manhã	manhã
tarde	tarde	tarde	tarde
noite	noite	noite	noite

Semana abençoada

Metas da semana

Motivos de oração

Comprar

Ideias

Prepare-se para uma semana de esperança
Leitura: Isaías 35

Florescendo no deserto

Ali o Senhor mostrará sua glória, o esplendor de nosso Deus.
Isaías 35:2

O Deserto de Mojave tem dunas de areia, cânions, planaltos e montanhas como a maioria dos desertos. Um biólogo observou que de tempos em tempos a abundância de chuvas traz "tamanha riqueza de flores que quase toda areia ou cascalho se esconde sob as flores". Mas esse show de flores silvestres não é um fenômeno anual. Os pesquisadores confirmam que o solo precisa ser encharcado por tempestades e aquecido pelo Sol, nos momentos certos, antes que as flores cubram o deserto com cores vibrantes.

A imagem de Deus trazendo vida ao terreno árido me faz lembrar do profeta Isaías. Ele compartilhou a visão encorajadora de esperança depois de entregar a mensagem do julgamento divino sobre todas as nações (Isaías 35). Descrevendo o futuro em que Deus "fará tudo se realizar", o profeta diz: "As regiões desabitadas e o deserto exultarão; a terra desolada se alegrará e florescerá" (v.1). Declarou que o povo resgatado de Deus entrará em Seu reino "cantando [...] coroados com alegria sem fim. A tristeza e o lamento desaparecerão..." (v.10).

Com o nosso futuro eterno garantido pelas promessas de Deus, podemos confiar nele durante as estações de seca e tempestades encharcadas. Profundamente enraizados em Seu amor, podemos crescer, florescendo à Sua semelhança, até que, na hora certa, Jesus retorne e corrija todas as coisas.

Xochitl Dixon

Novembro

DOM	SEG	TER

ANIVERSARIANTES DO DIA:

manhã

tarde

noite

QUA	QUI	SEX	SÁB

ANIVERSARIANTES DO DIA: | ANIVERSARIANTES DO DIA: | ANIVERSARIANTES DO DIA: | ANIVERSARIANTES DO DIA:

manhã | **manhã** | **manhã** | **manhã**

tarde | **tarde** | **tarde** | **tarde**

noite | **noite** | **noite** | **noite**

Planejamento dezembro

DOM	SEG	TER

O amor do Senhor não tem fim! Suas misericórdias são inesgotáveis.
—Lamentações 3:22

Planejamento dezembro

QUA	QUI	SEX	SÁB

Para manter sua vida equilibrada, apoie-se no Senhor.

Objetivos para dezembro

Cristo não teve lugar na pensão. Portas fechadas também fazem parte do plano de Deus para você.

Semana abençoada

Metas da semana

Motivos de oração

Comprar

Ideias

> **Prepare-se para uma semana de gratidão pela rotina**
> Leitura: Eclesiastes 1

Derrubando os pinos

> A história [...] se repete. O que foi feito antes será feito outra vez. Nada debaixo do sol é realmente novo.
>
> **ECLESIASTES 1:9**

Fiquei intrigada quando notei a tatuagem dos pinos de boliche no tornozelo da minha amiga. A música *"Setting Up the Pins"* (Organizando os pinos) de Sara Groves a inspirou para fazer essa tatuagem. A canção encoraja a alegrar-se com as tarefas rotineiras e repetitivas que às vezes parecem tão inúteis quanto arrumar manualmente os pinos de boliche, apenas para alguém vir derrubá-los.

Lavar. Cozinhar. Cortar a grama. A vida parece cheia de tarefas que, uma vez concluídas, precisam ser refeitas. Não é uma luta nova, mas uma frustração antiga, registrada no livro de Eclesiastes. O livro começa com o escritor reclamando sobre os intermináveis ciclos da vida humana que lhe parecem fúteis (vv.2-3), sem sentido, pois "O que foi feito antes será feito outra vez" (v.9).

No entanto, o escritor foi capaz de recuperar o sentimento de alegria e significado, lembrando-nos que a nossa realização final vem de como reverenciamos a Deus e "obedecemos aos Seus mandamentos" (12:13). Confortamo-nos em saber que Deus valoriza até mesmo os aspectos comuns e aparentemente mundanos da vida e que Ele recompensará a nossa fidelidade (v.14).

Quais são os "pinos" que você está posicionando continuamente? Nos momentos em que as tarefas repetitivas começam a parecer cansativas, que tenhamos um momento para oferecê-las como oferta de amor a Deus.

Lisa Samra

Dezembro

	DOM	SEG	TER
ANIVERSARIANTES DO DIA:			
manhã			
tarde			
noite			

QUA	QUI	SEX	SÁB
ANIVERSARIANTES DO DIA:	ANIVERSARIANTES DO DIA:	ANIVERSARIANTES DO DIA:	ANIVERSARIANTES DO DIA:
manhã	manhã	manhã	manhã
tarde	tarde	tarde	tarde
noite	noite	noite	noite

Semana abençoada

Metas da semana

Motivos de oração

Comprar

Ideias

Prepare-se para uma semana de compartilhamento
Leitura: Provérbios 11

Compartilhando as fatias

O generoso prospera; quem revigora outros será revigorado.
PROVÉRBIOS 11:25

Estêvão, 62, veterano militar e sem-teto, escolheu um lugar de clima mais ameno onde pudesse dormir ao relento e fosse tolerável o ano todo. Certa noite, enquanto exibia as suas artes manuais na tentativa de ganhar algum dinheiro, uma jovem se aproximou e ofereceu-lhe várias fatias de pizza. Estêvão aceitou com gratidão. Momentos depois, ele as compartilhou com outro sem-teto faminto. A mesma jovem ressurgiu com outro prato com pizzas, reconhecendo a generosidade dele.

Essa história retrata bem Provérbios 11:25: pois quando somos generosos com os outros, é provável que também experimentemos a generosidade. Mas não devemos dar esperando receber algo em troca; raramente a generosidade retorna de forma tão rápida e óbvia quanto o foi para Estevão. Ao contrário, nós damos para ajudar os outros como resposta amorosa às instruções de Deus (FILIPENSES 2:3,4; 1 JOÃO 3:17). E quando o fazemos, Deus fica satisfeito. Embora Ele não tenha obrigação de encher nossas carteiras ou barrigas, Ele frequentemente encontra uma maneira de nos revigorar, às vezes materialmente, outras espiritualmente.

Estêvão também compartilhou a sua segunda pizza com um sorriso e as mãos abertas. Apesar de sua falta de recursos, ele é um exemplo do que significa viver generosamente, disposto a compartilhar com alegria o que temos, em vez de guardar para nós mesmos. À medida que Deus nos guia e fortalece, que o mesmo possa ser dito de nós.

Kirsten Holmberg

Dezembro

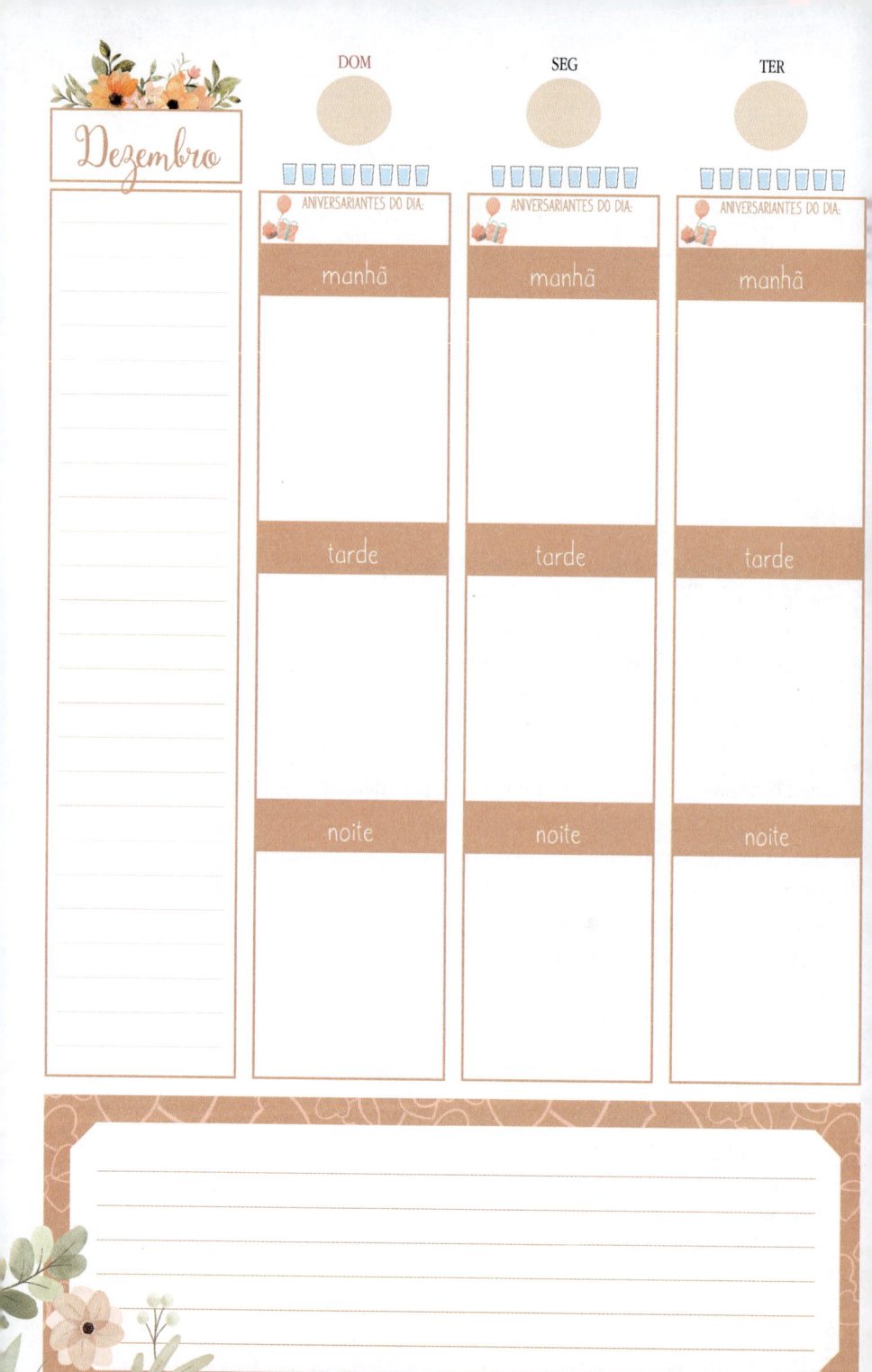

DOM	SEG	TER
ANIVERSARIANTES DO DIA:	ANIVERSARIANTES DO DIA:	ANIVERSARIANTES DO DIA:
manhã	manhã	manhã
tarde	tarde	tarde
noite	noite	noite

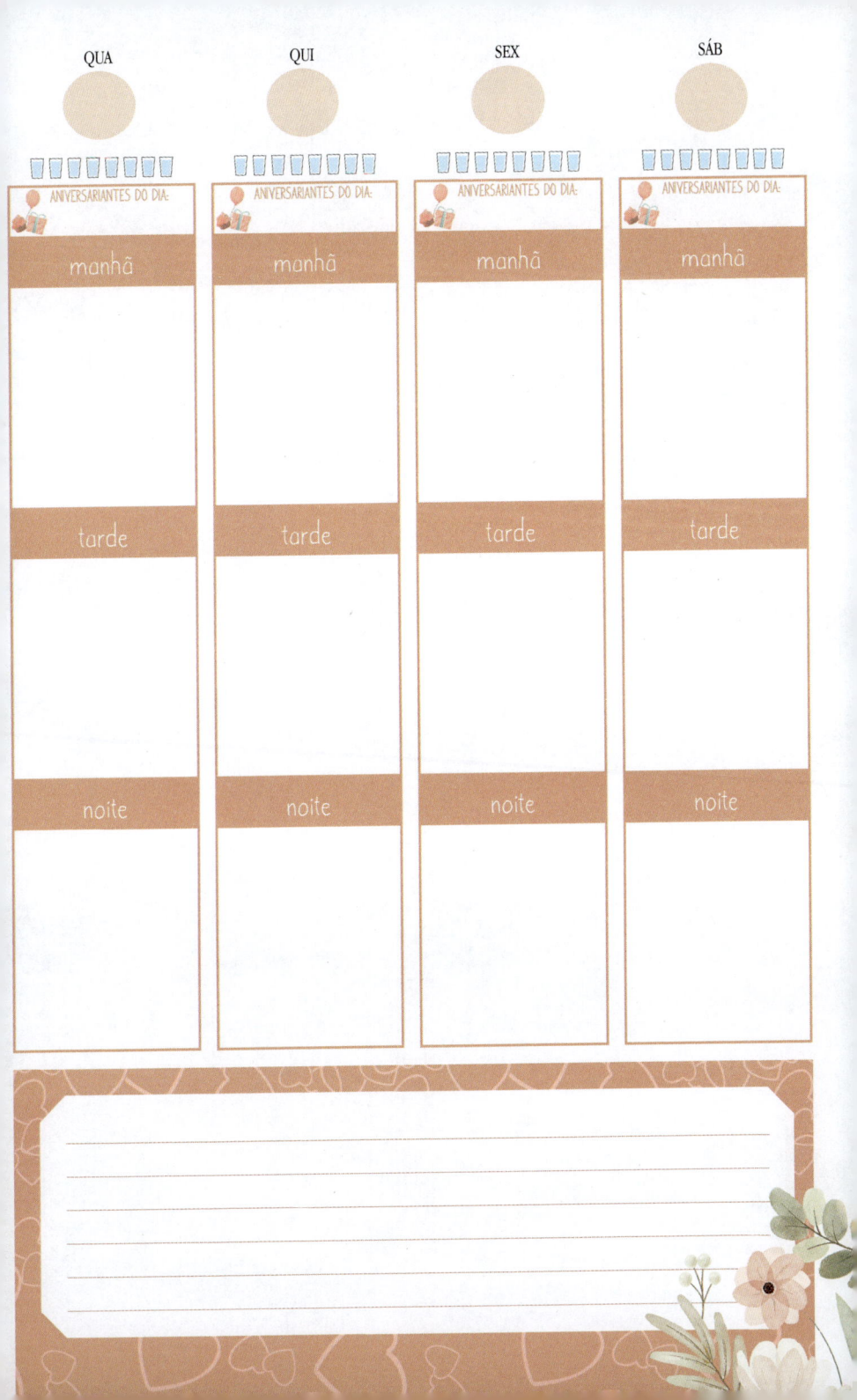

QUA	QUI	SEX	SÁB
ANIVERSARIANTES DO DIA:	ANIVERSARIANTES DO DIA:	ANIVERSARIANTES DO DIA:	ANIVERSARIANTES DO DIA:
manhã	manhã	manhã	manhã
tarde	tarde	tarde	tarde
noite	noite	noite	noite

Semana abençoada

Metas da semana

Motivos de oração

Comprar

Ideias

Prepare-se para uma semana de identidade em Jesus
Leitura: 1 Pedro 2

Apenas um menino cigano

Vocês, porém, são povo escolhido, reino de sacerdotes, nação santa, propriedade exclusiva de Deus
1 Pedro 2:9

"É apenas um cigano", alguém sussurrou com desdém quando Rodney Smith foi à frente do púlpito para receber Cristo como Salvador, em 1877. Ninguém dava valor a esse filho de ciganos sem qualquer instrução. Porém, Smith não os ouviu. Ele tinha certeza de que Deus tinha um propósito para a vida dele e, por isso, comprou para si uma Bíblia e um dicionário e aprendeu sozinho a ler e a escrever. Smith afirmou: "O caminho para Jesus não é o de Cambridge, Harvard, Yale ou o dos poetas. É o monte chamado Calvário". Contrariando todas as expectativas, Smith se tornou o evangelista que Deus usou para trazer muitos para Jesus no Reino Unido e nos Estados Unidos.

Pedro também era um homem simples, sem "instrução religiosa formal" nas escolas religiosas rabínicas (Atos 4:13). Era pescador quando Jesus o chamou com duas simples palavras: Siga-me (Mateus 4:19). No entanto, o mesmo Pedro, apesar de sua educação e dos fracassos que experimentou ao longo do caminho, afirmou mais tarde que aqueles que seguem a Jesus são "povo escolhido, reino de sacerdotes, nação santa, propriedade exclusiva de Deus" (1 Pedro 2:9).

Por meio de Jesus Cristo, todas as pessoas seja qual for sua educação, instrução, criação, gênero ou etnia, podem fazer parte da família de Deus e serem usadas por Ele. Tornar-se "propriedade exclusiva" de Deus é para todos os que creem em Jesus.

Estera Pirosca Escobar

Dezembro

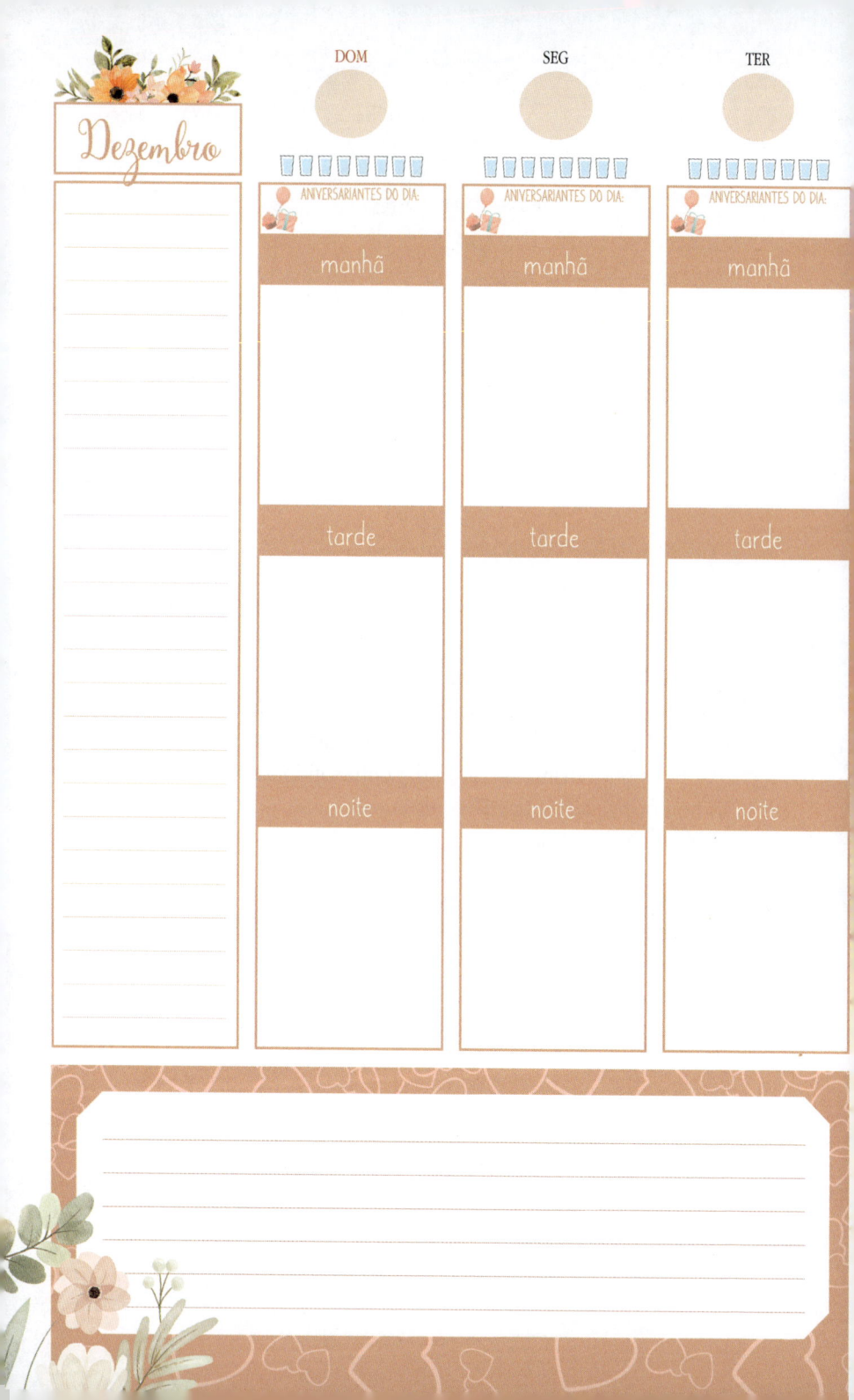

DOM	SEG	TER

ANIVERSARIANTES DO DIA:

manhã

tarde

noite

QUA	QUI	SEX	SÁB
ANIVERSARIANTES DO DIA:	ANIVERSARIANTES DO DIA:	ANIVERSARIANTES DO DIA:	ANIVERSARIANTES DO DIA:
manhã	manhã	manhã	manhã
tarde	tarde	tarde	tarde
noite	noite	noite	noite

Semana abençoada

Metas da semana

-
-
-
-
-
-
-
-
-
-
-
-
-
-

Motivos de oração

-
-
-
-
-
-
-
-
-
-
-
-
-
-

Comprar

-
-
-
-
-
-
-
-
-
-

Ideias

-
-
-
-
-
-
-
-
-
-

Prepare-se para uma semana de palavras de cura
Leitura: Provérbios 12

Palavras que ferem

Os comentários de algumas pessoas ferem, mas as palavras dos sábios trazem cura.
Provérbios 12:18

"Magrela", provocou o menino. "Vareta", o outro emendou. Em resposta, eu poderia ter respondido "o que vem de baixo não me atinge". Mas, mesmo sendo uma garotinha, eu sabia que não era bem assim. As palavras cruéis e impensadas doíam, às vezes feriam demais, deixando ferimentos que iam mais fundo e duravam muito mais tempo do que o vergão causado por uma pedra ou um pedaço de pau.

Ana certamente conhecia a dor de ouvir as palavras impensadas. Seu marido Elcana a amava, mas ela não tinha filhos, enquanto a segunda esposa dele, Penina, tinha muitos. Em uma cultura em que o valor da mulher era muitas vezes baseado no fato de ter filhos ou não, Penina aumentava a dor de Ana ao "provocá-la" continuamente por ainda não ter tido filhos. Penina agiu assim a ponto de Ana chorar e deixar de comer (1 Samuel 1:6-7). As intenções de Elcana eram provavelmente boas, mas a sua pergunta: "Ana, por que você chora? [...] Será que não sou melhor para você do que dez filhos?" (v.8) foi impensada e muito dolorosa.

Como Ana, nós também cambaleamos quando somos vítimas de palavras ofensivas. E talvez até reagimos às nossas dores atacando e ferindo outros com as nossas palavras. Mas todos nós podemos recorrer ao nosso Deus amoroso e compassivo em busca de força e cura (Salmo 27:5,12-14). Ele nos recebe com palavras de amor e graça.

Alyson Kieda

Dezembro

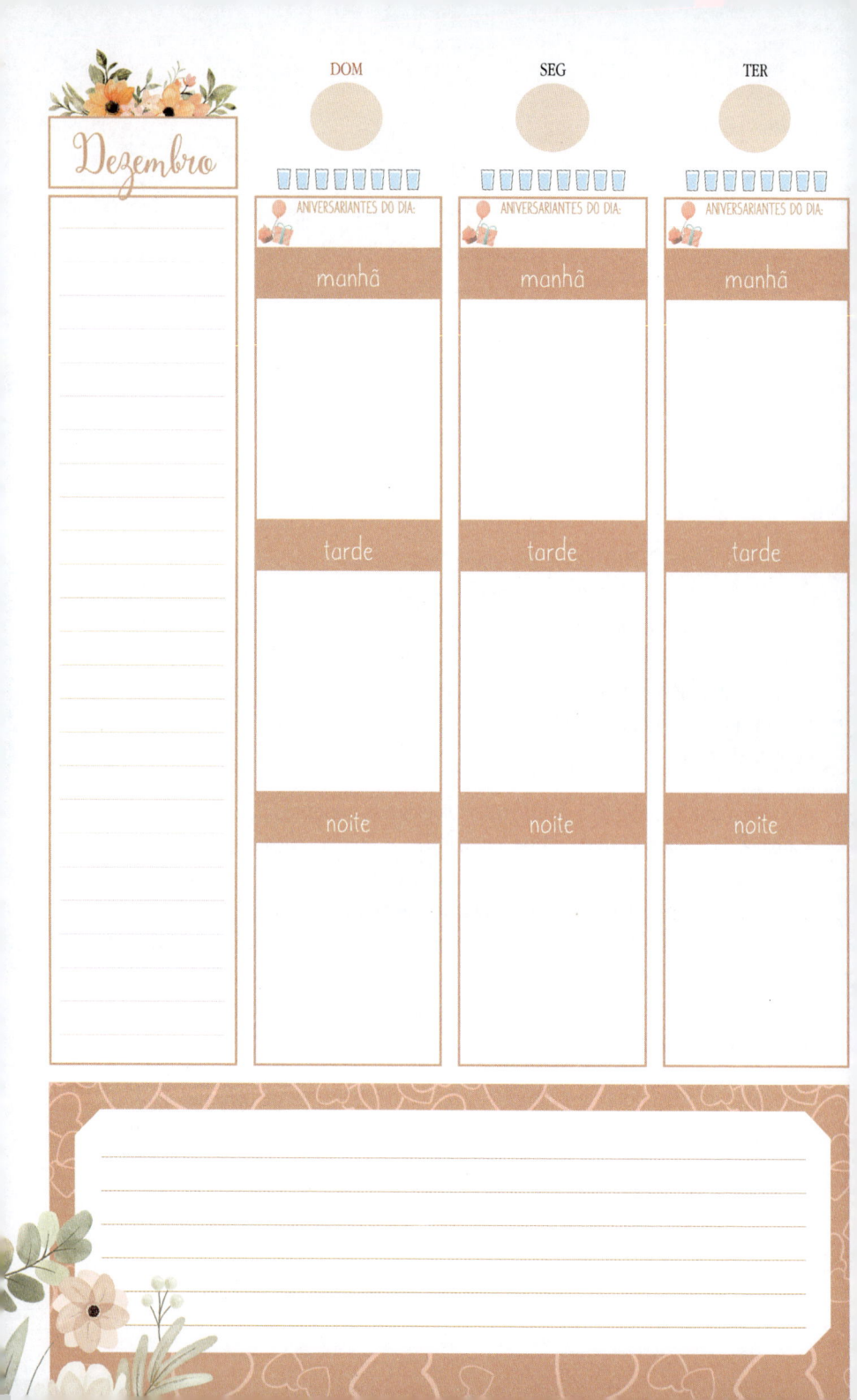

DOM	SEG	TER

ANIVERSARIANTES DO DIA:

manhã

tarde

noite

ANIVERSARIANTES DO DIA:

manhã

tarde

noite

ANIVERSARIANTES DO DIA:

manhã

tarde

noite

QUA	QUI	SEX	SÁB

ANIVERSARIANTES DO DIA:

manhã	manhã	manhã	manhã
tarde	tarde	tarde	tarde
noite	noite	noite	noite

Semana abençoada

Metas da semana

Motivos de oração

Comprar

Ideias

Prepare-se para uma semana de integridade

LEITURA: 2 Coríntios 10

Lição com desenhos

...quando [...] presentes em pessoa, nossas ações serão tão enérgicas quanto aquilo que dizemos a distância...
2 CORÍNTIOS 10:11

Minha amiga e conselheira desenhou um boneco de palitos numa folha de papel. E a rotulou como "particular". Depois, desenhou um contorno em torno da figura, e chamou-o de "público". A diferença entre o eu particular e o público representa o grau de nossa integridade. Fiz uma pausa e questionei-me: "Sou a mesma pessoa em público que sou em particular? Tenho integridade?".

Paulo escreveu cartas para a igreja em Corinto tecendo o amor e a disciplina em seus ensinamentos para que eles fossem como Jesus. Ao aproximar-se do final da segunda carta aos coríntios, ele se dirigiu aos acusadores que desafiaram a sua integridade dizendo-lhes que ele era ousado em suas cartas, mas fraco pessoalmente (10:10). Esses críticos usavam a oratória profissional para receber dinheiro dos seus ouvintes. Paulo tinha conhecimento acadêmico, no entanto, ele falava com simplicidade e clareza. "Minha mensagem e minha pregação foram muito simples", escreveu numa carta anterior, "me firmei no poder do Espírito" (1 CORÍNTIOS 2:4). Sua carta posterior revelou sua integridade: "Essa gente deveria perceber que, quando estivermos presentes em pessoa, nossas ações serão tão enérgicas quanto aquilo que dizemos a distância" (2 CORÍNTIOS 10:11).

Paulo se apresentou como a mesma pessoa em público que era em particular. E nós?

Elisa Morgan

Dezembro

DOM	SEG	TER

ANIVERSARIANTES DO DIA:

manhã

tarde

noite

QUA	QUI	SEX	SÁB
ANIVERSARIANTES DO DIA:	ANIVERSARIANTES DO DIA:	ANIVERSARIANTES DO DIA:	ANIVERSARIANTES DO DIA:
manhã	manhã	manhã	manhã
tarde	tarde	tarde	tarde
noite	noite	noite	noite

Semana abençoada

Metas da semana

-
-
-
-
-
-
-
-
-
-
-
-
-

Motivos de oração

-
-
-
-
-
-
-
-
-
-
-
-
-

Comprar

-
-
-
-
-
-
-
-
-

Ideias

-
-
-
-
-
-
-
-
-

Prepare-se para uma retrospectiva da força de Deus
Leitura: Romanos 8

Em nossa fraqueza

E o Espírito nos ajuda em nossa fraqueza...
Romanos 8:26

Embora Anne Sheafe Miller tenha morrido em 1999 com 90 anos, ela quase veio a óbito em 1942 ao desenvolver septicemia após um aborto espontâneo e todos os tratamentos até então terem sido infrutíferos. Quando um paciente no mesmo hospital mencionou que tinha conexão com um cientista, que estava trabalhando em uma nova droga milagrosa, o médico de Anne pressionou o governo a liberar uma pequena quantia para a sua paciente. Em apenas um dia, sua temperatura voltou ao normal! A penicilina salvou a vida da Anne!

Desde a queda, todos os seres humanos experimentaram uma condição espiritual devastadora provocada pelo pecado (Romanos 8:12). Somente a morte, a ressurreição de Jesus e o poder do Espírito Santo nos possibilitaram sermos curados (1-2). O Espírito Santo nos permite desfrutar de uma vida abundante na Terra e da eternidade na presença de Deus (vv.3-10). "E, se o Espírito de Deus que ressuscitou Jesus dos mortos habita em vocês, o Deus que ressuscitou Cristo Jesus dos mortos dará vida a seu corpo mortal, por meio desse mesmo Espírito que habita em vocês" (v.11).

Quando sua natureza pecaminosa ameaça tirar a sua vida, olhe para a fonte de sua salvação, Jesus, e fortaleça-se pelo poder do Seu Espírito (vv.11-17). "O Espírito nos ajuda em nossa fraqueza" e "intercede por nós, o povo santo, segundo a vontade de Deus" (vv.26-27).

Ruth O'Reilly-Smith

Dezembro

DOM	SEG	TER
ANIVERSARIANTES DO DIA:	ANIVERSARIANTES DO DIA:	ANIVERSARIANTES DO DIA:
manhã	manhã	manhã
tarde	tarde	tarde
noite	noite	noite

QUA	QUI	SEX	SÁB
ANIVERSARIANTES DO DIA:	ANIVERSARIANTES DO DIA:	ANIVERSARIANTES DO DIA:	ANIVERSARIANTES DO DIA:
manhã	manhã	manhã	manhã
tarde	tarde	tarde	tarde
noite	noite	noite	noite

Planos para o próximo ano

Reunião	Reunião	Reunião	Reunião
PAGAMENTO R$	PAGAMENTO R$	PAGAMENTO R$	PAGAMENTO R$
viagem!	viagem!	viagem!	viagem!
Prova de ___	Prova de ___	Prova de ___	Prova de ___
Médico	Médico	Médico	Médico
Aniversário	Aniversário	Aniversário	Aniversário
Férias	Férias	Férias	Férias
Importante!	Importante!	Importante!	Importante!
Jantar Especial	Jantar Especial	Jantar Especial	Jantar Especial
Casamento &	Casamento &	Casamento &	Casamento &
RETIRO!	RETIRO!	RETIRO!	RETIRO!
Almoço Especial	Almoço Especial	Almoço Especial	Almoço Especial
Chove chuva...	Chove chuva...	Chove chuva...	Chove chuva...
Partiu Célula!	Partiu Célula!	Partiu Célula!	Partiu Célula!
partiu culto!	partiu culto!	partiu culto!	partiu culto!
Estudar!	Estudar!	Estudar!	Estudar!
Cinema com: ___ Filme: ___	Cinema com: ___ Filme: ___	Cinema com: ___ Filme: ___	Cinema com: ___ Filme: ___
Aniversário	Aniversário	Aniversário	Aniversário

Sticker sheet with repeating labels (4 columns):

- Oba! Pizza!
- PAGAR R$
- Entregar Trabalho
- Comprar presente para:
- Exame
- Aniversário
- Faxina
- CORTAR CABELO
- Orar por
- Dieta SIM NÃO / Exercício SIM NÃO
- TPM!
- Almoço Especial
- Ceia do Senhor
- Partiu Célula!
- partiu culto!
- Dentista
- Cinema com: / Filme:
- Aniversário

Churrasco!	Churrasco!	Churrasco!	Churrasco!
PAGAR R$	PAGAR R$	PAGAR R$	PAGAR R$
Aula	Aula	Aula	Aula
Prova de	Prova de	Prova de	Prova de
Exame	Exame	Exame	Exame
Aniversário	Aniversário	Aniversário	Aniversário
Faxina	Faxina	Faxina	Faxina
Chá de Panela	Chá de Panela	Chá de Panela	Chá de Panela
Orar por	Orar por	Orar por	Orar por
Dieta SIM NÃO Exercício SIM NÃO	Dieta SIM NÃO Exercício SIM NÃO	Dieta SIM NÃO Exercício SIM NÃO	Dieta SIM NÃO Exercício SIM NÃO
TPM!	TPM!	TPM!	TPM!
Almoço Especial	Almoço Especial	Almoço Especial	Almoço Especial
Chá de Bebê	Chá de Bebê	Chá de Bebê	Chá de Bebê
Partiu Célula!	Partiu Célula!	Partiu Célula!	Partiu Célula!
partiu culto!	partiu culto!	partiu culto!	partiu culto!
Batismo	Batismo	Batismo	Batismo
Formatura	Formatura	Formatura	Formatura
Aniversário	Aniversário	Aniversário	Aniversário